信任

中国商务成功之道

Trust

Road to Successful Business with the Chinese

〔日〕远藤 滋／著
邵建彤 凌 霞／译

學苑出版社

图书在版编目(CIP)数据

信任：中国商务成功之道/〔日〕远藤滋著；邵建彤，凌霞译. —北京：学苑出版社，2012. 5

ISBN 978-7-5077-3994-7

Ⅰ. ①信… Ⅱ. ①远…②邵…③凌… Ⅲ. ①商业管理-经验-中国 Ⅳ. ①F722. 2

中国版本图书馆 CIP 数据核字(2012)第 090520 号

责任编辑：马红治
出版发行：学苑出版社
社　　址：北京市丰台区南方庄 2 号院 1 号楼
邮政编码：100079
网　　址：www. book001. com
电子信箱：xueyuan@ public. bta. net. cn
销售电话：010-67675512、67678944、67601101(邮购)
经　　销：新华书店
印 刷 厂：河北三河灵山红旗印刷厂
开本尺寸：710 × 1000　1/16
印　　张：12. 5
字　　数：146 千字
版　　次：2012 年 6 月第 1 版
印　　次：2012 年 6 月第 1 次印刷
定　　价：39. 00 元

前　言

世界上每五个人之中就有一个中国人，中国的经济规模已达到美国的一半，肯定会在不久的将来超过日本成为世界第二的经济大国。而世界从金融危机中回复过来，似乎也要仰仗中国。

有中国这样一个大国作为邻国，对日本来讲是有利的。日本最大的贸易对象国已经不是美国而是中国，与中国之间的人员往来也超过美国最为频繁。不过，我们似乎随着这个邻国实力的提升而陷入情绪不安定的漩涡，一提起中国，不是讲什么“中国威胁论”，就是走向另一极端的“中国崩溃论”，而这两种论调都缺乏对正确理解中国的努力。

到日本的书店转转，相对于能够对中国做出客观评价的，更多的书籍则是出于偏见来评论中国。即使书的内容并不像书名那样偏激，但还是充斥着诸如《无赖国家中国的本性》、《中国大崩溃的冲击》、《中国支配世界野心的真面目》、《讨厌的邻居，中国人》、《日本成为中国殖民地之日》等等刺激性的标题。为迎合希望看到否定中国内容的读者的心理，或是照顾到对任何事情都喜欢耽于负面思维渲染出的感伤思绪这样一种日本人心理特质的读物和信息实在是太多了。其中的原因大概是对中国的信息不足，媒体对此应负有很大责任。

日本人的这种误解和偏见，对将来的日中关系十分危险。学者和新闻从业人员的报告一般是宏观性的，多为间接体验的总结，而所谓直接体验者写出来的东西却很少。对于曾通过自身的体验去了解过中国，与中国人有过亲身接触经历的人来讲，他们的很多论调都是不能苟同的。

我在三井物产公司工作期间，共有23年在美国及汉语圈（台北、北京、香港）工作。与中国打交道也有18年的时间。从蒋介石时代被派驻台北时起，历任了三井物产驻中国总代表、香港三井物产社长，回总公司后担任亚洲地区负责人，与中国及东南亚华侨深入交往。

2009年是我开始工作的第51个年头，其中1/3以上的时间都在与华人打交道。在各种各样的时代、各种各样的地点，遇到过形形色色的人。亲眼见证了“文革”时代的中国、改革开放时代的中国、香港回归和北京奥运会后中华文明的复兴动向。随着时代变化，中国也在发生着变化。其富裕程度、自由程度和意识更新程度令人吃惊，作为一个大国，中国希望成为国际社会中的一位“好公民”。1979年，哈佛教授傅高义（Erza Vogel）曾写出《日本第一（Japan as Number One）》一书赞扬日本，最近，总觉得如今的中国与当时那个“轻舞飞扬”般的，认为“美国已没啥好学”的日本十分相似。

随着时代的前进，中国在发生着变化，对日关系、对日感情也在变化。而事物的“现在”背后有着“过去”的影子。没有对以往贫穷、苦痛的时代的理解，就无法正确认识当今的中国。

中国与日本拥有同植根于东亚的共通之处，但正如萨缪尔·亨廷顿所阐述的，属于不同的文明而并非“同文同种”。首先弄清楚文化的差异，才是相互理解的出发点。在2008年发生有关食品事件时，日本人对中国所采取的做法就难以理解。

对于中国人来讲，出于不鲜明地提出自己的主张就无法生存的长期而严峻的历史体验，每个人都具有不愿示弱于人的国民性。如果不从中国人与日本人的思维方式和行为有差异的所谓“同文异种”的理解出发，则会在问题的处理上陷入对立情绪的激化。

不愿承认错误的人并不只在中国。在这方面，中国人与美国人有很多共同之处。和我同年的美籍台湾人黄真一是我的好朋友，在三井物产与我长期共职，他在美国和中国都有长期工作经验。当我问他“中国人和美国人最大的不同点是什么?”时，他经过思考后的回答是：“两国人都不愿意认错。不过要是把证据摆在他面前，美国人会道歉，可中国人却不会。”

国民性是由历史和风土人情所打造出来的。拥有广漠的国土和严苛的自然环境，长期受外族威胁或统治，在不安定的历史中生存了几千年的中国国民和四面被海洋守护而在四季分明的岛国上从事安定的农耕生活的国民之间，思维方式和处理事务的办法的差异十分明显。而且，国民性是不会轻易改变的。

然而，在对邻国抱有强烈的关注度这一点上，中国和日本倒是没有什么不同。有中国人甚至会首先关心日本新闻，然后是台湾，第三位是美国。据谢淑丽（Susan L. Shirk）在其《中国：脆弱的超级大国（China：Fragile Superpower)》书中所讲，与日本人打过交道的中国人很少，但对日本的非友好情感很强烈，认为日本是经济不得不依赖于中国的二流国家。此外还提到，在历史上，有中国强大的时代，也有日本强大的时代，而现在则是两国同时成为强国。因此两国政府都面临如向对方妥协就难以向大众交代的局面。如果中国成为头号强国，日本能否接受呢？等等。

也许是因为我所接触过的中国人大多是知日派，多多少少有点儿倾向于日本的缘故吧，我觉得他们都能够充分理解日本的优势和能力。很多人认为应在社会平等、科学技术、环境保护、团队协作意识等方面向日本学习。呼吁世界经济的“三巨头”——美中日——展开正式的战略对话，即提倡“G3”的也大有人在。

2008年，精彩纷呈的北京奥运会开幕式吸引了全球关注的目光，然而对此最感到激动的，难道不是在海外的几千万华侨吗？就是那些离开贫穷的中国移居到海外，在东南亚等地辛苦劳作打拼，在当地落地生根获得成功的华人以及他们的后代；就是那些在中国改革开放后回到祖国投资，为经济增长作出贡献的香港等地的华商们。

今后，强力植根于亚洲的华人，特别是那些接受过欧美教育的人可能会起到更重要的作用。

2009年是新中国建国60周年。前所未有的世界金融危机对中国来讲反而是一次机会。中国要求修正资本主义的经济体系，正在谋求残留着统制经济因素的市场经济化。

历史的轮回往往有着讽刺意味。在美国反而出现了大型银行被实质上的国有化的社会主义化现象。不管怎么说，世界从美国单极化向多极化的转化，权力向亚洲的转移已显而易见。

德国的贝塔斯曼出版集团曾预测，到2020年，在国家实力对比上会形成美中拮抗的局面，而日本则处于第三位，成为双方之间的桥梁。岸根卓郎则认为，东西文明每八百年轮转一次，即将到来的将是亚洲的时代（见其所著《文明兴亡的宇宙法则》）。

经济面的东亚合作体制已经开始运行，而要做好迎接亚洲时代来临的准备，日中合作是必不可少的。中国既是日本最重要的邻居，又是最重要的伙伴。我从事了数十年与中国进行经济交流的工作，所谓经济交流既是文化交流，也是人际关系。日中两国今后也要相互切磋，共同发展下去。而且，这也是势在必行的。

作为与中国长期交往的总结，本书尝试将时代的推移与我的人际交往作为焦点讲述本人在三井物产工作期间的经验。如果要归纳为一个结论，那就是中国和日本虽同处汉字文化圈，但中国毕竟是外国，是一个与日本“同文异种”的国家。而且，中国拥有“人际关系最优先”的文化，商务上的成功和失败，取决于能否建立良好的人际关系。

所以，我的观点绝不是什么“中国威胁论”或“中国崩溃论”，要是硬概括一句话，应该叫“日中共生协作论”吧。希望日本能更多了解中国、正确理解中国的“知华派”越来越多。如果拙作对理解中国有所帮助，特别是有助于担负未来使命的年轻人参考，则不胜荣幸之至。

目　录

第一章

在台北——华侨商道的洗礼

30年前的台湾

开始对中国感兴趣源于早忘了名字的一本杂志中夹着的一张西湖的照片。我记得是在1969年被派到台北支店工作前不久看到的。照片上春日暖暖地照着，湖面腾起雾霭，远方水天一色，一幅恬淡闲适的风景。恬淡中还能感觉到西湖的博大与丰富，不知不觉地勾起了我对中国的憧憬和期待。

到台北以后，我常去旧书店淘有关中国的旧书，收获中有《支那产业总览》和《支那现势地理》这样的大部头著作。1986年起被派驻北京工作之后，这两部书也给我的工作帮了大忙。因为当时完全没有其他资料去了解中国的地区经济、资源和产业分布情况。

还淘到了芥川龙之介所著《支那游记》的初版书。内容是他在大正十年（1921年），从上海出发，用4个月时间游历中国各地的纪录。

其中对游览西湖的情景写得细致而又有趣。他本来有点儿神经质，可能当时又太过疲劳，竟把西湖这个中国的名胜地贬成了一个“大泥潭”。也可能是西湖人工雕琢气息过浓，整理得太过井井有条，与日本相似而让他觉得有些无趣吧。

我到台北赴任是在进公司第11个年头，即1969年，是继到纽约之后的第二次海外任职。当时的台湾处于蒋介石独裁之下，经济规模小且贫穷，年进出口总额23亿美元，人均国民收入只有240美元。那里的水质相当差，记得有一次喝醉了回家，直接把自来水冻成冰块，第二天放在水里喝下，结果发了高烧。还有一次，1岁左右的女儿用自来水洗脸，结果从眼睛里往外流脓，连忙送到医院。出租车差不多都是二手的日产“蓝鸟”，曾记得由于害怕猛打方向盘时车门会被甩开发生意外，还得使劲抓住前面靠背的情形。

到任后，台湾给我的第一印象是无精打采的“迷途羔羊（stray sheep）”，好像是来到了一个与世隔绝的荒岛上。台湾岛内，随蒋介石一起逃来的人被称为“外省人”，他们和长期居住在台湾的“本省人”之间存在对立。外省人占据了所有的政府权力中枢，执掌政府所属大企业的生杀大权，而远离权力中心的木省人用辛勤劳作的汗水打造的企业也逐渐开始显露蓬勃朝气。这就是那个时代的情况。

关于本省人、外省人，当时留下鲜明记忆的有两件事。

现在高速公路已贯通台湾南北，但当时只有单向单车道的干线道路，警察还经常躲在路边查超速违章。有时对面开来的车会冲你闪闪大灯，就是告诉你“前面有警察，小心点儿”的意思。这也是针对当权者，即外省人的小小抵抗吧。

第二件是开始学“国语（北京话）”后不久，一天干完工作正要下班时，几个部下突然问我：“远藤先生，您为什么不学台语啊？”确实，当时台北支店的当地职员都是本省人，工作语言是日语。他们之间用台语，台北支店的主要客户也是以本省人为主，要是与政府或政府下属企业的领导交谈，会用英语。这样一想的话，好像国语的谈话对象只剩下出租车的司机了。过了一阵子，我才知道，1949 年在蒋介石的镇压下，有几万本省人被杀。我科室里面几乎所有本地人都曾有家人或亲戚成为牺牲者。

如今已不会再提什么本省人、外省人了，在公司里谈话也多数是用国语。遥想当年，恍如隔世。

在台北的两年半工作期间，我正好见证了台湾经济发展的觉醒。经济数据连续以两位数增长，1971 年 GNP 增长 15%，工业生产增长 21%，出口增长 37%，贸易量达到之前两倍，为 40 亿美元（顺便说一句，当时日本的对华贸易额差不多也恰好是 40 亿美元这个数字）。能有这样的发展成果，除了人们的勤奋和很高的受教育程度外，政治上的稳定和处理事务时对政策的灵活运用（中国话里就是马马虎虎）也功不可没。

街道上到处都在建住宅和高级公寓，超市也出现了。我刚到任时，一提到高尔夫，大家都认为那是日本人和一部分外省人才能去消遣的玩意。到我离任时，高尔夫球场已增到五个，去消费的本省人也明显增多。

之后，台湾与韩国、香港、新加坡一起被称为亚洲“四小龙”，实现了一定阶段的经济发展。2007 年 GDP 达 4000 亿美元，贸易总额达 4600 亿美元；到大陆投资的企业有约 7 万家，常驻大陆人员达 100 万人左右。

中国的经济发展正如大家所了解的，GDP 列美、日两国之后，居世界第三位，是拉动世界经济前进的火车头。从日本的贸易量来看，对美贸易量占本国进出口总额的 13%，对华占到了 18%，对加上台湾、香港的大中华圈则达到 27%。历史的进程也在提速啊。

可能有点儿扯远了，台湾与大陆的交流始于大约20年前的1987年，台湾人被准许回乡祭祖。当时已调到北京的我马上意识到这是两岸即将要开展经济交流的一个信号，几乎在第一时间就出差去了台北。作为三井物产北京事务所的主要商品负责人做访台宣讲，先后走访了统一企业（食品）、大同（电子）、台塑（化工）、“中国钢铁”（钢铁）等台湾主要企业，介绍大陆情况。等经济交流解禁后，他们马上就来到大陆，也与三井物产展开了商业合作。

我在台北要做的工作很多，可以说是很忙碌而快乐。台湾正处于走向粮食进口自由化之中，经济也在急速增长，似乎感觉每个季度经济活力都在增加。由于人际交往比在日本还重要，因此我每晚应酬不断。而这样拼命的后果是，不到一年身体就垮下来了。

华侨商道的洗礼

搞垮身体的罪魁祸首是——白兰地。在向台湾进口澳产大麦的大型谈判中，虽然也费神不少，但更苦的是我的肠胃。对此虽然我有所闻，但没有想到大白天就碰杯一直喝下去。晚上的应酬不用说了，干杯连续不断。业务上的风险当然要考虑，但健康管理才是最为必需的风险管理。

这次大型洽谈会的谈判对手是R实业的M董事长，M董事长出生在山东省，身材魁梧、相貌堂堂，除从事面粉制造外，还涉足游艇制造等多个行业。M先生有时除了自己，连自己的亲人也信不过。他有个精通英语又懂国际贸易的外甥小G协助他工作，但要说到重要事情时，连小G也不让听，就只剩我们两人交谈。他对日语、英语都是一窍不通，最后唯一的交流手段就是我刚开始学习的只会很简单很幼稚对话的中国话，还时常需要写汉字和在话里夹英文单词。M 董事长山东口音很重，总把汉语拼音里的“Q”说成“K”，例如“奇怪”的发音本来是“qiguai”，他总是说成“kiguai”，倒有点儿像日语。

M 先生在商业谈判上咬得很紧，但头脑清晰，是一位喜欢时不时唱两嗓子京剧、精力旺盛的企业家。他是业界头面人物，我对他也心存敬畏，经常一起喝酒。要是商谈大宗生意，从开始谈判到最后敲定，差不多有一周左右的时间总是天天在一起吃饭。

在当时的台北，谈生意都是在酒桌上。从午间就和 M 先生一起喝酒，而且拿度数高的白兰地干杯。这就是搞垮身体的真实原因吧。直到很久以后，我才知道 M 先生在干一杯之后会用同颜色的茶水来鱼目混珠，只有我喝的才全是白兰地。对手冷静而我却疏忽大意，又怎会成为这酒桌上的商战的胜利者呢？

当时，台湾每年从西澳大利亚州买进大麦，加工成麦片后用作饲料，掌控进口权的就是 M 董事长。而三井物产长期担任南澳大利亚州政府大麦局的日本代理，有一年南澳大麦大丰收，就想卖到台湾。于是，以南澳政府大麦局的局长为团长，三井物产公司总部谷物油脂部大麦课的大桥信夫（曾升任至三井物产的董事长）等来台，一大早就来到 R 实业的办公室开始谈判。

谈判伊始，M 董事长就给我们来了个下马威，“南澳的大麦品质太不好了，比别家的含水率和杂质都多”。这是先增加对手心理负担的谈判技巧，采用的是攻击和责难对手弱点，使其处于弱势的战术。

在日本人的意识里，谈判时让对手感到心情不悦是不好的，因而在言语上会尽量控制。他们相信“诚意”而并非“对立”，并朝着双赢的方向去努力。而美国人则会直截了当地提出自己的主张，不带感情色彩地朝着合理化方向推进目标。而“中国式谈判”不同于任何一种方式。

对方一上午始终纠缠在大麦品质上，根本没有涉及价格、数量这些合同的具体问题，光是在吊我们的胃口。南澳洲方面本来的立场是，用一天或一天半时间进行谈判，介绍作物的品质，再报个价，只要能从西澳州独占的大麦市场中抢到一些份额，给治下的农民有个交代即可，原本也不指望一次谈判就能达成协议，把货全卖出去。谁也想不到，后来对方却给了我们一个意外惊喜。

一顿午饭消解了双方的隔阂，在下午的谈判中，对方开始询问我们的报价和条件，南澳洲方面也松了一口气。

M 董事长先是问到岸价格（CF），接着又询问海运费和离岸价（FOB）的明细，之后就提出运费也高、离岸价也高，拼命压低价格。他似乎和西澳洲谷物局的 O 局长是老交情的样子，对价格把握得十分清楚。

晚宴时终于迎来了高潮。M 董事长说：

“台湾今后将是一个越来越大，充满希望的市场。我们之前和西澳洲谷物局打了多年交道，但双方之间也存在问题，看情况，把进口量全转到南澳洲也是可以的。这就需要你们拿出个特别的优惠价格来，要是 FOB 每吨 36.5 美元，我们就从你这儿买。”

南澳洲政府的局长离席，好久之后才回到宴会上。当时可是没有手机，联系不便的时代啊。最后终于下决心，他拿出数字来了。

“38 美元怎么样？”

“那可不行，就是 36.5 美元。”

38 美元已经是前所未有的史上最低价了，可即使这样，对方仍然说“不行”。

“那就按您说的吧。不过条件是这个价格只给您的 R 公司，对外要作为绝对机密。对其他成员公司的价格只能是 38.5 美元。”

就这样，该交易立即达成协议，而且还是 6 万吨数量的大交易。

尽管是在宴席上，还是在简单的记录上签了名。这是为了预防第二天改口而引起麻烦。因为当时有过这样一个事件：三井台北支店机械课的一个长年客户违约，尽管在合同上盖着公司总经理的大印，但那位总经理却诡辩道，“盖我的印并不代表公司，只是代表我个人”，因此拒绝履约，最后还逃往海外，潜踪匿影。

由于就合同达成一致意见，公司总部的大桥第二天就准备回国了。正当他刚到机场时，R实业把电话打到公司，说希望把三井一直合作的航运公司介绍给他们，把原来的离岸合同改为到岸合同，于是，紧急让大桥暂缓回国。对方可能是觉得，如果以离岸合同方式购货，就需考虑在澳大利亚当地的配货和雇佣装卸工的各种费用等琐事，这些麻烦事与其自己干还不如委托给三井，既安全又便宜，所以想干脆改成到岸合同。

对三井来说，到岸方式虽然风险增加，但却能垄断当年台湾的大麦进口市场了。第二天，美国嘉吉（Cargill）公司驻日本代表L先生就来到了我的办公室，激动得满脸通红，说道：

“台湾市场以前一直做的都是西澳洲的大麦。由三井全部垄断太不像话了，你多少要分给我们嘉吉一点份额吧！”

这位L先生是我在东京时的老朋友了，可是合约已经签订，只能拒绝他说：“抱歉，已经不能改约了。”

之后由于大麦价格飙升，对契约条件的解释问题发生分歧，导致了与R公司关系的恶化，业务往来也停滞了很长时间。而我再次见到M董事长，已是大约20年后，在一次为调换三井台北分公司负责人举办的酒会上的事了。我拜托新上任的植松修三一定要特邀M董事长来参加，虽然我心中忐忑，但M董事长终于还是来了。尽管只是和他握个手，闲聊几句，对我来讲，也有一种“相逢一笑泯恩仇”的放松感。

与R实业出现问题的经过是这样的：

签约大概半年以后，台湾当局追加的进口许可权分到了台中的T实业手里。T实业的C先生一直对我们很照顾，这次T实业向我们表示南澳洲的大麦品质良好，希望无论如何也要帮他们购买。可南澳已无法供应足够数量了。

谷物的国际交易中装船重量不好准确统计，因此国际惯例商定，在到岸合约条件下，允许所雇用的船只出现±5%以内的误差。也就是说，在到岸合约条件下，如果是1万吨出售合约，那么卖家以5%以内误差的条件雇佣船只，实际的装货量位于9500吨至10500吨之间即视为履行了一万吨的合同。

三井与澳大利亚之间签订的是6万吨的离岸分批运输合约，分几次装船后，还有剩余的货物，就作为合同余额留下来了。三井就把这部分作为出售给T实业的部分货源了。而R实业向我们三井反复提出，他们有权要求给他们发货要达到6万吨的上限105%，即6.3万吨，并逼迫我们要放弃与T实业的合同。

我们几次向R公司说明，到岸合同是基于国际惯例签订的，合同履行数量的解释应该是如何如何。签订租船合同的对方船运公司就想尽量多拉一点货物来多挣钱。这里，决定载货量的不是三井而是船运公司。事到如今，要让三井放弃与T实业的合同，是无论如何也做不到的。

就在双方这样唇枪舌剑的过程中，一天，我们的支店长突然接到R公司的电话，M董事长在电话里威胁道："三井把我们的大麦偷着卖给我们的竞争对手，你们要是想毁约就得赔偿我们。如果三井不尽早回应的话，那我们就在9月30日的《经济日报》上公开你们的丑闻。"

支店长忙把我叫来问是怎么回事。我便做了说明，不是我们毁约，对R公司提供过好多照顾等等。我还向支店长说："也有把货物销售给T公司的道义责任。曾向澳大利亚的ABB谷物公司交涉想追加购买，但他们说很困难。至于T公司发来的进口许可证，经过政府里的熟人O先生得到确认，既有装船的期限限制，而且又限定必须是南澳洲产。"

支店长是个熟谙从商之道的老手。没有对部下的行为抱怨什么，只是告诉我："哦，知道了。估计还会来电话的，你先打过去解释解释吧。"上司的信任令我很高兴，最终，9月30日的报上没出现什么关于我们的负面新闻。

对于M董事长还有一段记忆。当时正是速食面产业在日本取得巨大成功的时节，我认为，谁首先在台湾开始做，谁就能占据绝对优势地位，于是，向M先生积极推介。他对此也有兴趣，于是我很快将日本的一家速食面生产设备制造商介绍给他。经过拉锯式的漫长谈判，终于到了即将签约的日子。可就在所有条件确认完毕，只差双方签字确认的时候，又出了岔子。当天晚上9时，双方在台北一家宾馆的休息室会面，M先生突然又要求将已同意的价格75万美元再减价5000美元。也许他是觉得日方可能还留有降价空间，又不想两手空空地回国吧。

日方代表本来已经怀着诚意谈判了若干天，不断让步，已将公司的授权全部用尽了。这一降价要求终于突破了他的忍耐极限。

"都到现在了，还要求降价!？你这不是忽悠我嘛，这买卖干脆别做了"，日方代表大叫着，将文件塞进皮包，用眼角的余光瞟了一下已经陷入呆滞的M先生，就扬长而去。而作为中介者，应该居中调解的我也被惊呆了，不知如何是好，一笔大生意就在这顷刻间泡汤了。

实际上，我觉得没有比这个案例更能够说明日中的谈判方式差异的例子了。日本方会认为，之前已经拿出最大的诚意，而在最后的最后，对方又要求让利，实在是太过分了，令人气愤；而在M先生看来，像下围棋时收净最后一个单官一样追求自身利益最大化是理所当然的，最后的要求只不过是又一次交易而已。为了仅为设备总价0.6%的区区5000美元就离席而去也太唐突了。而最后M先生没有叫住日方代表，也是因为面子吧。

关于华侨商道的第一课：

第一，生意仅靠诚意是行不通的；

第二，要抱有“这是谈判”的决心；

第三，在最后签约之前，口袋里要留一张在价格或某些条件上向对手让步的最后底牌；

第四，要给足对方面子。

之后，其他公司的速食面生意在台湾大获成功。不过M先生却从未说过类似“可惜呀，当时要是干了该有多好啊”这样后悔的话，甚至连速食面的“速”字都没提过。中国人的对事物成败的豁达，以及对过去了的事情的决不后悔，都是十分了不起的。美国人也是遇事力求做到最好，对因此搞砸了的事情也不会患得患失。不会像日本人那样总是心里想着，嘴里念叨着。在这一点上，中国人和美国人很相似。

日本商社大显身手

如上面谈到的，在台北工作期间正赶上台湾经济的大发展。当时，台北支店粮食课业务也十分忙碌。进口的不仅有大麦，还有小麦、大豆、饲料谷物以及鱼粕和用于养鸡业的雏鸡。出口基本上是面向日本，包括台湾产砂糖、日台合资公司生产的猪肉、甚至包括小豆。当我们费尽心力，将小豆运送到日本后，日本的定期市场却要求我们将台湾小豆的名称改成“蓬莱小豆”这个名字。可能是由于蓬莱这个名字更好听，也更能卖出好价钱吧。经营大宗物资的集团数量也大幅增加，即便是只与领军的龙头企业进行业务联系工作量也很大。粮食课的交易额也激增，最高峰时，三井在全台湾粮食贸易中所占份额达到了20%。

然而，每个国家都差不多是同样的轨迹：在没有外汇的年代，进口由政府招标方式统一买进，再分配给国内的相关业者；有了一定的外汇储备，进入到要使贸易自由化和经济活跃的年代，政府就会只负责进口许可证的审查发放，由民间自由的想法来决定对供货商和商品的选择。

不过，在刚刚实行贸易自由化的阶段，民间根本不知道要买什么，怎样去买，和向谁去买。而且，谷物市场波动激烈，信息听谁的好呢？再说，单个公司的购买力有限，拿不到好的价格。如果结成集团以整船合同购买，价格会相对便宜。而且，从货物的买进，到加工成成品进入销售渠道回笼资金，必须考虑到几个月周期内的资金调配。这就给了日本商社一个大显身手的机会。

进口自由化使竞争激化，加上生活水平的提高，工厂也出现了追求现代化和追求品质提升的动向。以大豆榨油为例，过去基本上采用的是老的油压式榨油法，有6%的大豆油会残留在豆粕里。为此，我们向台湾建议共同建设现代化大型榨油工厂，提高效率；或引进日本的色拉油技术，解决大豆精制技术过时和产品影响健康的问题等，提供了很多新点子。在畜产相关产业上，也提出了生产复合饲料和在养鸡、养猪、养鱼上的综合利用。

就是说，日本战后在粮食畜产业上取得发展的成功经验成为他们的路标了。作为日本经济发展参与者的商社，其所积累的智慧在这里也发挥了作用。组织会议传授基础知识；组织各企业结成集团，为其提供每天的交易市场信息，开展为开具信用证（LC）提供保证等的金融支援业务等，工作量逐渐增加。

当地企业逐渐开始借重商社的智慧，与商社合资经营的业务也在积极推进。但是，养猪的合资公司由于要培育自主产业的政策而不被允许，其他例如与“味之素”公司一起投资建设合资大豆榨油工厂，与日本配合饲料公司一起投资建设合资饲料工厂等构想，在递交申请书等候各部门审批后不久，也由于在对中国贸易关系上的“中日贸易四原则”（1970年4月19日周恩来提出）的提出，最终只能遗憾地落空。

参加宴会的技巧

在喝酒问题上也接受了华人的洗礼。R公司的M董事长“以茶代酒”（用茶水冒充白兰地）的事情已经说过了，实际上，之前也看到过M先生在宴席上去闻别人的酒杯。如果那个时候我就能觉察到这里面有什么猫腻的话，也许我就不会因为喝酒落下毛病吧。据说周恩来在日中恢复邦交的宴会上，端着54°的茅台酒到各桌敬酒，实际杯子里也是水。

15年后的1986年，我作为中国总代表到北京上任，交接宴会办了几十桌。当时三井物产公司的总经理江尻宏一郎端着茅台酒到各桌去敬酒致意，后面跟着两名身材高挑，手拿茅台酒瓶的女侍者，一人手中拿的是给客人的茅台酒，另一瓶里是水。江尻总经理敬完一圈回到主宾席后悄悄对我说：“带酒味儿的水实在是太难喝了！”

在台北，接待客人多是在酒家之类的场所。一般是在高级餐厅，围坐在一张大圆桌边，每位客人旁边有一位“小姐”陪酒，同时还有乐队伴奏，可以连唱带跳。与韩国的艺妓馆不同的是，这里不是跪坐在地板上，而且如果不指定好陪酒女郎，就会一批一批地轮换。这里比起艺妓馆来要热闹许多。

宴会应酬每晚都有，甚至有时一个晚上要到好几个地方“赶场”。理所当然，肠胃就被牺牲了。我上任未满一年，就并发了胆囊炎、胃溃疡、十二指肠溃疡和肝炎，病倒了。台湾本省人的林医师告诉我说，如果住院治疗的话，反而有染上新病的风险，因此不建议我住院。于是，我请了三个星期的病假在家中调养，当时体重骤减到 47 千克，妻子说每天到病床前看我的病容觉得非常可怕。

禁酒维持了不到一年，就又不得不到酒桌上“工作”了，而各种各样的控制饮酒量的小技巧帮了大忙。

宴会如果是自己做东，就要在设宴的酒家找一位能代表自己掌控宴会进程以及烘托宴会气氛的“女公关”。这位女陪客有的是前任推荐，也有自己找的，而且她们也有“级别”，支店长来请客就有支店长级别的女陪客陪同，像我这样课长级的，也有相应的合适人选陪同。她们一般都熟知东道主的习惯和健康上的问题，也会给东道主一些照顾，例如酒类多以黄酒为主，同时准备好同色的茶水，给主人的杯子里倒茶，给客人斟酒。

另外，还有将小酒盅紧贴嘴唇，用舌头堵住盅口不让酒流出来，然后很有气势地干杯的方法。干杯的动作要帅，为了不被别人看到放到桌上的玻璃酒盅里还剩有酒，要用手整个遮挡好，并让女陪客马上做个重新斟满酒杯的样子。要掌握好这一整套动作，需要经过相当的训练。我就记得在这个过程中报销了两三条领带。

粮食生意越做越大，但部门里的日本人除我之外一直只有一个人（先是山川，后是田内），如果没有优秀的当地员工和他们出色的工作，也不可能达到这样的局面。

特别是我“三顾茅庐”从高雄事务所招到台北支店的黄真一先生，我认为，以他的能力，足以做我的继任者，我也从他身上学了很多。他与我同岁，毕业于日本人小学，小时候有“神童”的称号，脑子好，又懂得人情世故。他获得过台湾的桥牌冠军，熟谙日本历史，日语歌驾轻就熟，无论从相貌还是哪方面来说，比我更像日本人，曾有人将我们两人的国籍搞混。在酒吧或夜总会等娱乐场所，在一些地方，他还被叫做“山本先生”。

在台北遇到的大陆人、台湾人

二战后，随蒋介石逃到台湾的所谓“外省人”有二百万人。因此在台北能接触到大陆各省来的中国人。我遇到过的，有开朗热情、口齿伶俐的北京文化人，有狡猾而强势的山东商人，也有头脑敏锐的上海实业家和善于权谋的湖北花花公子等。

首先，在中国，南方人和北方人相貌上有差异，饮食习惯也有不同，连“国语”的发音也大相径庭，一开口说话，当时就能够猜测他们的老家什么地方。台湾本省人既有大陆（主要是福建省南部）人的血脉，又长期生活在台湾这个孤岛上，其间又经历过日据时代，打上过日本精神的烙印。他们集中国与日本的长处、短处于一身，有很多东西值得学习。

在我身体被搞垮时给予很多关照的林医生就给了我很多忠告。如“苦恼于肠胃病的中国人要比日本人少得多，你既然来到了中国，就要学会‘没法子’的豁达。做什么事情，都避免不了紧张和焦虑，要有干脆放弃之类的思想准备”。

我常和一位在“政府”工作的优秀而又经验丰富的台湾人一起吃饭。有一次，我问他中国人与日本人的不同点在哪儿，他当时是这样回答的：

“中国人绝对不会切腹自杀，也不会为他人去死。即使死亡了，也要想活过来。受之父母的生命是最重要的，如果自己的路走到了尽头，就把希望寄托在孩子身上。只要性命在，就有广阔的国土，总是会有办法。

与此相比，日本人是太简单了，这既是长处，也是短处。总是太过直接，急于求成地过早下结论，一旦路走不通就承担责任，切腹谢罪。这也许是由于在日本这样一个岛国，没有逃生之处，经常面临背水一战的原因吧。

来到台湾的大陆人，经过这二十多年也有点儿变化了。不过台湾只有商人而没有大商人，大商人都在香港。他们不会走到台前，也不会去大谈合同什么的。要得到他们的信任需要时间，而一旦他将你视为朋友，就会很看重你。具体地讲，能面对面交谈得很热的，不一定是真正的朋友。如果邀请到家里做客，那才是真的信任。

即使他们在商战中得益，也不会让对方觉得吃亏，这次得益了，会用酒宴招待对手，下次就会让对手得些好处。说话只说到六分，剩下的四分要一点一点拿出来。”

这位台湾友人有着一张近似于外省人的柔和的面孔，让人觉得很放松。对外省人不知为何总有这样的感觉，觉得他们稳重而又大度，泰山崩于前而不变色。而对于台湾本省人，总体印象是与日本人很像，面孔轮廓鲜明，总是目光锐利地扫视着周围，动作也是幅度小而迅速。是由于受过日式教育还是同处孤岛之上的缘故，性格上有些与日本人类似的认真、性急，还有点洁癖。不习惯于说出自己的意见，容易盲从，容易上当受骗。与日本人不同的是，猜疑心强，重面子，思想也没有日本人那样的简单。

从辅导我学中国话的王女士那里也学到了很多东西。她是当时台北“空军广播局”的播音员（现在是“中华民国妇女联合会”主任秘书，会长是辜振甫夫人严倬云），经三井物产的中文修业生（修业生：公司提供费用派到海外学习外语的职工，学业结束后回公司工作）的介绍，每周2次，早上到我家里对我进行特训。最初的3个月中只进行发音练习，而并没有教授会话，相当枯燥。要发音正确，就不能用英语的拼音来标记，而只能用中文里的注音符号，从“波颇摸佛”开始练习。因此，家里从天花板到厕所的墙上，到处贴满了注音符号表，按照教过的发音方法摆正口型，确认舌头的位置和呼吸，一个劲儿地反复练习。

过了一年左右，王女士作为大阪世博会“中华民国”馆的解说员去了日本。当时台湾由于外汇问题，出国极为不易，是很多人无法实现的梦想，王女士以她的智慧与美貌在众多应征者中脱颖而出。世博会结束从日本回来时，受到媒体对待英雄般的簇拥。她还在世博美女解说员的评选中位列三甲，成了一位名人。托这些的“福”，我的中文课不得不又推迟了数月。

到这时候，每次学习完教科书上的内容后，便以一些简单的自由会话再梳理一下。有一次，她提了这样一个问题：“你爱你的夫人有百分之几?”

从未想过百分比问题的我回答道：“百分之百，不，是百分之一百二。”她当即说：“不会。”接着她又说：“不能是100%，大致上有60%左右应该就够了，最高也就是80%。”对于自身以外的人不能彻底相信，难道这就是从漫长的历史中流传下来的民族性吗？这样绝对不会沉浸在满足感之中，也不会有幸福的感觉。被她这样一说，我似乎感觉到几乎没怎么看到过中国人发自真心的笑容。

在中国，结婚也不用改姓，之前的财产也不用夫妻共有。中国人对于任何事情都不会表现出自己的全部，也不会投入100%的热情。如果不知道事情会如何进展，就要留有转向的余地，避免百分之百的承诺。就连《三国演义》中，也有多次追击敌人，有机会杀掉敌人最终却将其放过的例子。不百分百投入就能保持冷静态度，也能够客观地审视自己。也许每个中国人内心都有两个自己，一个站在舞台上的自己，而另一个是坐在观众席上注视着舞台上的自己。因而他们都很会演戏。

王女士后来同一位外交官结婚，在我驻纽约期间，她也随丈夫到华盛顿上任。我曾和家人一起到华盛顿拜访过她，但之后就音信不通了。10年前，我曾向在东亚经济人会议上经常见到的辜振甫先生打探她的消息。

东亚经济人会议是日台经济界人士的交流会议，当时的日方会长是服部礼次郎，台方则是辜振甫。我曾作为日方代表出席会议约7年左右。

辜先生是台湾水泥公司董事长，兼任过台湾“全国工业总会”理事长等，是实至名归的台湾财界代表人物。他毕业于台北帝国大学，在日本学习过财政及工程管理，操着一口很有品位的日本话，也精通英语和北京话，是一位富有才智的国际性人才，几年前逝世。他还担任过国民党中央委员、“总统府国策顾问”以及两岸对话的台方代表海基会董事长等职位。

在会议结束后的午餐会上，我有幸和辜先生坐在一起，谈了很多话题，忽然想起王女士曾做过辜先生的秘书，就试着打听她的消息。辜先生答道，“她正在我夫人当会长的台湾红十字会里当会长秘书”。于是，我就厚着脸皮脱口道："您能帮我给她带封信吗？"辜先生用半戏谑半天真的表情盯着我的脸说："她已经离婚了，正在找再婚对象，你可要小心点儿啊。"就这样，我让这位高高在上的大人物充当了一次信使。

回信很快到了，是一篇充满活力与自信的文章。她也用清醒的语言谈到了离婚的事情，说婚后的两个孩子都随夫姓 W，有时会见上一面，但与他们之间也有了隔膜，不过离婚时已经获得了最好的条件云云。我似乎看到了一位不依靠别人，独立而顽强地生活的女性。

还有一位女性，我从她那里听到许多有感悟的故事。她当时 19 岁，是我"二次会（晚宴后的娱乐消遣）"时常带客户去的一家舞厅的公关经理，一位上海籍的外省人。据说在香港上过银幕，性格开朗快活，从财界人士到画家，交游广阔。

在伊利诺伊大学留学期间，我结识了经常一起吃饭的许多伙伴，并被他们捧成"东方哲学家"而与我探讨个人人生问题。这位女性也要我听一听她的苦处。她日语、英语都不大会说，而用北京话交谈对我来说绝非乐事。谈话的大致意思是这样的：

"我现在身怀有孕，是和 M 公司的某专务董事的交往中有的。我告诉他有了他的孩子，要他和我结婚。他真是个胆小懦弱的人，可没过几天就说结不了婚。于是向他要 1400 万日元，他说这么多钱无论如何也拿不出，我就威胁他说要到处宣扬，最后他害怕了，给了我 700 万。"

700 万日元在当时可是个相当可观的数目。M 公司是我商业上的伙伴，那个人是我认识的一个台湾人。正当我想到这件事总算有个了局的时候，这位女士后来却说着说着就哭了起来，最后她这样说：

"我是个坏女人。实际上我肚子里的孩子不是那个人的，他的父亲是最近在坠机事故里死的那个中华航空公司的飞行员。"

说自己是个"坏女人"，不仅是对深爱着的飞行员的死感到悲伤，也有对骗取善良的有钱人金钱罪行的忏悔之意。不管怎样，从这个19岁的女孩子身上也能管窥中国人的长于谋略和不屈的韧劲。

成不了国际人的日本人

住在国外更能看清日本的优点与缺点。无论在哪里，日本人总是在说日语的时候来精神，而一旦要说外语，就变得非常紧张，没有了主见，在人群中毫不起眼。工作完了就回到只有日本人的世界里，既不能、也不想成为国际人。

在台北工作期间，经中文老师王女士介绍，我进入了一个在台外国人的小圈子。其中，除我之外，再没有其他日本人。大家经常一起聚餐，或是到某成员家中做客，探讨文化及国际问题。因此，我也结交了来自美、法、印度等国家的朋友。

能结交美国驻台“大使馆”的两位朋友（莫伊尔和莫雷尔），也是这个圈子提供的机会。两人都精通中文，最令人惊异的是他们能够读懂挂在墙上，连我这个日本人都不明白的中文草书，让我颇受冲击。

这两位朋友给过我很多帮助，也给过我很多触动。1971年8月，美国尼克松总统宣布转向“新经济政策”，冻结工资、管制物价、终止美元与黄金的固定兑换比率。这一事件被日本称为“尼克松冲击”。当时，我从美国“大使馆”得到了关于此事的详细信息并送回总公司。那时，公司似乎对具体细节也不甚了解，记得当时还给我以褒奖。

此外，他们还提到日本应该开发西伯利亚的资源、毛泽东的以“文化大革命”来推行对人的改造的设想无法实现等，冷静地对世界格局做了分析。

与日本人不能成为国际人相关，对日本人的第二个印象是，日本人从不说“我”。大体上只会说“我们”，“我”包括在“我们”之中。要不就用“在日本如何如何”来加以说明。而中国人却很少会说“我们”如何如何。日本难道就是那么美丽而又适合居住的地方吗？

在日本的社会，在任何地方都会结成一个个小团体。在商务组织上，不止是公司对公司，公司内部还要分“部”、分“课”，“小团体意识”相当强。就连公司发展到了国外，也有相当多公司会很自然地形成日本人的小团体，固守不对当地人委以重任的“纯洁主义”。

应当承认，当时日本处于高速成长时代，工作节奏相当迅速，我自己也大致是这样子。不过，以这样的节奏去要求对方，则可能欲速则不达。充满追求理想的热情固然是好事，可是那种急功近利的国民性到如今还没有改变呢？

中国人是什么样的人

1972 年，我结束了在台北的工作回国后，马上在业内刊物上发表了“台湾勤务纪事”，将在台湾的工作经验总结如下：

“中国人在经过种种尝试而起不到任何作用的时候，常常会说‘没法子’或‘没有办法’。意思是不行，就不再坚持。这是一种天不怕地不怕的豁达。最基本的，是能够保持‘本来也什么都没有’的心态。这种‘虚无精神’正是他们的力量之所在。在谈生意时，他们一旦向你提出要求，就逼你选择要么全盘接受，要么什么都没有（All or Nothing）。正是由于他们有这种‘不成也没法子’的豁达哲学，才使这种谈生意的方法成为可能。

然而，在说‘没法子’之前，当然必须要不断进行各种的尝试才行。如果简单地加以否定，说这样不行，他肯定还会要求你再按他的要求做最后一次努力。他们也经常会把‘尽力而为（try one's best）’挂在嘴边。”

如果把“没法子”作为中国人实际层面之基本的话，那么在形式上的层面，最具特征的则是“有面子”。日本人或是台湾本省人，经常会提出为照顾面子而降低价格的要求。其照顾面子的动机，就在于金钱与自己的立场。而中国人的“面子”则有着更深的含义。

对于西方人来说，没有比弄懂什么是中国人的“面子”更难的事情了。美国传教士阿瑟·史密斯（中文名字明恩溥）写于19世纪末的名著《中国人的性情（Chinese Characteristics）》一书中，就以“保全面子”为第一章的标题，对中国人的“面子”问题进行了探讨。他认为，“为了理解‘面子’的含义，……我们必须了解这样一个事实，即中国人有非常强烈的表演欲，做戏是其本能”。

在中国，戏剧是最大的国民性娱乐活动，人人都喜欢演戏。即使只有寥寥数人在场，也会以讲台词的方式大声演说。说话的人经常洋洋自得地越说越离事实越远，而听的人却认真地当事实来听，问题到最后往往与事实毫无关系而只成了一种形式。发表了漂亮的演说就等于演好了自己的角色，听的人也明知他在做戏仍送上掌声。一场戏的完美谢幕就等于保住了面子。

试举一个高尔夫球场上的例子。当时，高尔夫球非常昂贵，因此在球场上的树林中会有一些男子等着将球捡走。有次把球打到树林里找不到了，明明是旁边的那个人捡走了，但问他却矢口否认。再次执拗地告诉他，球就是打到这边来了，问他见没见到时，他就摆出一副帮忙找球的样子，暗中从口袋里掏出球丢掉，再指着那个球，故意问那个球就是你的吧，为保存体面而否定事实。如果看到他从口袋里掏球而因此去责问他，就会伤到对方的面子。这里存在着在不能相信任何人的漫长历史中形成的、只能自己爱护自己的自尊心理。

与中国人打交道并不容易，我在台湾有过惨痛教训。有的人总先是慢悠悠地，然后在某一时刻采取出人意外的举动。还有人具备能表现出对对方既怀疑又有所期盼的模棱两可态度的才能，说的话总是不能百分之百相信。还有的人表面上很有绅士风度但却在暗中捣鬼，“面从后言”或是“笑里藏刀”、“先礼后兵”。不过，中国人一旦认为你是真正的朋友，就会把你看得很重。如果邀请你到他家中做客，就表示对你的完全信任。

第二章
封闭贫穷的中国——毛泽东时代

参加广州交易会

1972年，我从台北回到三井物产公司总部，任大豆课课长。当时，中国处于毛泽东发动的“文化大革命”中的恢复秩序时期，日本也沉浸于先于美国与中国恢复邦交的兴奋之中。我总想到中国一游，却总是无法成行，中国这个词令当时的我感到既新鲜又神秘。如今的中国已经以惊人的速度发展成为世界大国，可在1970年代，中国却是一个尚未对外开放的、封闭贫穷的、毫无色彩的国家，是毫无迈向工业化社会意愿的农本主义国家，像“另一个世界”。

1973年仍是“文革火山”喷发后的终息期，面向外部的牢固大门依然紧锁。作为民间人士而被允许入境的，只有友好的外国公司派驻北京的职员或特别使团。此外，就只能参加在每年春、秋两季举办的两次广州交易会。为了购买大豆等农产品，我提出了参加广交会的申请，最终实现了访问中国大陆的夙愿。

当时要进入广州，只能由香港乘火车到边境线上，然后徒步通过大桥，进入中国一侧（现在的深圳）。在那里要经过严格的入境检查，吃过午饭后，再乘火车去往广州。过桥之后，车站周围的景象就变得迥异。刚刚放学，衣衫破旧的瘦弱儿童在道路上走着；路上尘土飞扬，路旁的大喇叭里播着“北风那个吹啊”（《白毛女》选段）这首有名的革命歌曲；人们身着清一色的制服。与香港一侧截然相反，似乎闻到了几十年、几百年之前的旧时代的气息。

登上列车后不久，一个佩戴红卫兵袖标的姑娘就到车厢前读起了毛主席语录。由于“文革”还未结束，即使参加交易会的商业谈判，也必须口袋里装着“红宝书”。那是一个全体国民都受到制约的不那么自由的统制国家年代。

到达广州以后，被引领到日本与会者集中住宿的广州宾馆。像到中国的其他任何地方一样，先会通知吃饭的时间和地点。因为到外面找不到像样的餐馆，如果是中国人，没有粮票就买不到包括豆腐在内的主食，到外面吃饭是根本不可能的。就是外国人，如果不在指定的地点和时间用餐，错过去也只能忍饥挨饿了。

1986 年，我到北京工作后，常有机会见到统管国家所有发展计划的国家计划委员会主任甘子玉先生。记得当我询问他“心里头最牵挂的是什么”时，他的回答是：“让人民吃上饱饭。”而纵观中国历史，不管是为官执政者，还是起义叛乱者，他们的相同点和最主要的工作，也同样是让人们吃上饱饭。

询问碰到的孩子的年龄，得到的回答基本上都比预想的要大上两岁，原因可能是营养不良，而且脸色都不大好看，可能是缺乏维生素或平时的食油品质低劣的缘故吧。

在广州，每天都会去交易会常设的大会场，但业务却几乎没有进展。中国方面的交流模式一般是从最初的打招呼开始，之后是一般性的信息交换，逐步试探对方的需求，最终才提出意向，然后以竞争对手的出价作为参照，要求你接受他的报价。

我对在会场里闲逛很感兴趣，可每天下午总是安排参观访问，去一些人民公社之类的地方，实在是有些厌倦。不知是到了第几天，我和另一个参会者一起，晚上8点离开宾馆，准备去广州的街道探索一番。对国外参会商，中方要求必须时刻将布质的印有“来宾”字样的参会证佩在胸前，而且原则上禁止个人行动。发给外国人的胸牌也是考虑到即使外宾跑到街上闲逛，也能很快被分辨出来吧。

当时，中国人会与外国人保持一定距离，即使我主动搭话，成年人也会什么话都不说就转身离开，因为同外国人说话有被当做“特嫌”的危险。迎面碰到的人也会仔细上下打量我们的衣着和随身物品，可能是很少见到过外国人吧。去逛百货商店，也会有人在远处毫无顾忌地围观，后边也有一大群人跟着我们一起走。觉着不买点儿什么就回去有点儿无聊，于是就买把车用除尘刷，可回去一试，用一次掉一次毛，根本不堪使用。

顺着马路走出一段儿，看到一家毫不起眼的食堂。里面挤满了身着制服的食客，捧着个小碗在吃面条一样的东西。外面等候的人拿着钱和粮票排起了长龙，我们就站到队伍的最后边看着。可能这不是外国人来的地方吧，人们都用疑惑的眼神看着我们，也根本没有人来告诉我们没有粮票买不了啦，外国人不该来这儿啦之类的话。过了一会儿，不知是谁把我们领到最前面，也没要粮票就让我们坐下了。

没过多久，就给我们送来了小碗面条和筷子。筷子歪歪扭扭，头上还沾着擦不下去的污渍。店里的人都在看着我们俩，面对免了我们排队之苦，又不要粮票为我们送上美味的好意，也没办法做出为难的表情，只能一边说着谢谢，一边匆匆吃完离席而去。就这样，我对中国的食品状况进行了一次细致的体验。

离开宾馆到大街上还有一个发现。宾馆的服务员曾告诉我，“新中国没有苍蝇，也没有小偷，房间里放什么东西尽管放心，也用不着钥匙”。也确实如此，把相机和其他贵重物品放在房间内从未上过锁，最后一样不缺。不过走到小路上，看到路旁的各家各户还是都上着锁。苍蝇确实没有，街道上也没有垃圾散落。这也说明纸张十分缺少，也不肯轻易将废品丢弃。街道上也没有资本主义国家那样的商品广告。

回来后，我在宾馆的庭院里散步，一个男人凑了上来，拿着一幅天鹅绒质地的剪纸画向我兜售，再仔细一看，是一张十分精美的裸女像。忘了他开价多少，只是觉得本该消亡的西方的堕落与贪得无厌的市侩商人还能出现在中国，有些不可思议。买下之后才想起会不会出什么问题，于是搪塞说明天还来，就匆匆离开了。

这是首次接触的中国大陆留给我实实在在而又鲜明深刻的印象。在1973年5月3日的日记中，我这样写道：

“用一句话总结，中国正走在完全独立的道路上，进行着历史性的实验。所谓‘主义’，对各个国家来说都是另外的东西。日本国土狭窄，资源缺乏，只能发展依存于外国的加工贸易，只能依靠资本主义来生存。而中国采取农本主义，大家穿着同样的服装，贫穷但也在缓慢地前行。

我想人类有三种层次的欲望，一是吃饭、睡觉、性爱之类的本能的欲望；二是通过穿着、化妆将自己最好的一面展示在别人面前的来自自尊心的欲望；三是通过钻研使自己精神得到提高升华的欲望。在中国，似乎可以认为，人民只要能够满足第一种欲望就可以了。

在中国，完全没有娱乐，因为他们完全不知道有什么娱乐，所以有无娱乐也无关紧要。

在中国，只有毛泽东的政治哲学和终端的实用技术。如果社会有进步和复杂化，经济和法律也就需要高深的理论和思考，这是我在逛书店时想到的。比方说，那里只有交通学的书，却没有更为深入的交通经济学方面的书籍。

这里确实贫穷。不过，物质上的进步与精神上的幸福感是否无缘？拿中国和美国的老太太比比看吧，纽约的老太太物质上虽然富有，却孑然一身，孩子都不来看她，寂寞都写在脸上。

我认为，物质文明的进步与精神上的幸福感是无缘的。人类的欲望是无限的，与其他人的比较能够催生出不满的情绪。如果人人境况相同，虽然缺乏活力，却没有不满的情绪。因为没有竞争，看不到上进心，精神上松懈。想要的东西不容易得到，得手之后感恩的心情特别大。

中国似乎并不想进入高度工业化的社会。从污染、环境问题考虑，减缓发展速度，有可能走一条避开发达国家误区的自己的道路。”

提议进行大豆技术交流

1973 年秋，我被“以大豆增产为中国做出贡献，成为日中友好的推动者”的念头所驱使，向中国政府提议，在日中两国之间进行关于大豆品种改良及改进榨油工艺、提高出油率的技术交流。

三井物产从 19 世纪末起就开始关注中国的大豆，也曾有过将中国此前主要用于肥料的豆粕成功开发成榨油原料，并实现商品化，向欧洲大量出口，同时协助中国进行大豆品种改良和增产增收这样一段历史。而且，我也想通过促进中国的大豆增产和有效利用，从中国购买到富余下来的大豆。

或许是认为我的构想有些近乎荒唐无稽，业务部等公司有关部门对此反应冷淡。我本想将设想的要点写成信件通报给中国，然而信件的翻译也不得不向公司以外求助。虽然被周围的人视为想法太过另类，但我却始终坚信这是个好点子，准备将其坚持到底。随着逐步推进，也开始得到了很多人的支持和帮助，使我的方案逐步变得血肉丰满，成为一个详尽细致的提案。到了有实施可能的阶段，已有很多人加入进来，也给了我莫大的推动力。

然而，信件寄出后却如石沉大海。到了1973年秋天，当时的三井物产公司总经理池田芳藏参加植村经济友好使团访华，我拜托他将这一提案直接提交周恩来总理。

在会见日本使节团时，周总理偶尔说起，“大家都是银行家和企业家，没有懂农业的人吗”？于是池田总经理大声说“我懂农业”，然后，就有关中国大豆增产和有效利用的合作交流构想做了说明。周总理握着他的手说，“这对中日两国来说都是大好事，那就拜托了”，并马上将相关部门的人找来，做了要他们全力配合的指示。

于是，在信发出6个月之后终于得到回信。自1974年起，在日本农林省和丰年制油（现在的J-OIL MILLS，Inc.）公司的协作下，交流终于开始了。

1974年的北京大豆技术交流会

1974年，关于大豆的品种改良与有效利用的技术交流终于进入实施阶段。我们准备利用秋天参加“日本农业展览会”的机会访华，同时开展技术交流。这次展览会规模盛大，包括农、林、渔业，日本共有厂家142家、商社45家，共计550人参展。而中国方面，以来自全国各地的科研机构和人民公社的专家为主，热心的参观者达到了25万人次。

包括10名三井物产公司职员在内，三井的相关企业共派出27名工作人员参展。畜产、水产的展位之外，在大豆的展位上，展示了高产大豆品种、用大豆蛋白加工的人造肉以及精炼油等有关大豆有效综合利用的内容。在机械方面，也从胶合板制造等木材二次加工技术到机械化养蚕及立体仓库体系等，举办了展示和技术说明会。

到北京时是11月中旬，已进入冬季。北京机场现在是拥有三座航站楼的现代化国际大机场，而在当时只有一些很不起眼的建筑散落在各处，有些到现在还匿迹于机场的某个角落。通向市区的道路两侧是刚种下不久的树木，透过它可以看到正在悠闲地干着农活的农民和穿得鼓鼓囊囊的解放军士兵。安排的住处是以前为苏联专家修建的友谊宾馆，宾馆里预备的衣架大得出奇。

技术交流持续了1周时间，每天上午进行交流，下午在市内观光游览。和如今大不相同，天坛、故宫、琉璃厂、颐和园等这些景点，很少有中国国内的旅游者，只有稀稀拉拉的行人。

在大豆品种改良交流会会场，共有来自中国科学院遗传研究所和油料研究所以及山东、吉林和辽宁等省的7位专家出席，大豆育种的权威杉山先生为他们系统而详细地演示了大豆品种改良特别是提高亩产量的要点。

中国方面要改良大豆品种的目的，一是增加产量，二是提高含油率，同时提到种子的广泛适应性，还向我们要求提供高产品种的样品。改进精炼油技术的交流会有来自中国各地的有代表性的榨油厂的领导。

他们拿着包括榨油的整个工序，甚至连厂房架设避雷针的注意事项这样的问题都包括在内的厚厚的说明资料，自始至终只是一个劲儿地听取丰年制油的松村先生讲解，将“交流”会变成了单向输出的“直流”会。

30年前的中国榨油工艺效率极低，相当部分的豆油只能作为残余留在豆粕中。如果通过现代化工艺提高出油率，达到同样多的豆油年产量，竟能富余出40万吨的大豆。三井物产就想购买到这部分大豆。据说，这些资料后来总结归纳要点分送到中国全国油料工厂，可以说它成了“油料相关人士的教材”。直到如今，中国却是大豆榨油的大国，从美国和巴西进口超过日本10倍以上的大豆，通过最新的大规模生产设备高效地进行榨油和精炼。

当时的中国政府的方针是“农业为基础、以工业为主导”，为保证8亿人口每年所必需的2.5亿吨粮食，采取了农业最优先的政策。因此，对于能够立即发挥效用的技术和机械的关心程度很高，在农业机械、森林采伐机械和运输机械的展示区周围，总是聚集着很多人。

好像也有很多干部来参观，有一次，已经到晚上了，李先念副主席还要来参观。于是参展人员马上全员集合，坐着公共汽车来到已是灯火通明的会场，感觉像是在迎接封建时代的皇帝。李副主席还来到了三井物产的畜产展位，我也有幸享受了握手的荣耀。

无论是提议进行品种改良也好，还是提高出油率也好，都需要经过一定的时间。因此，我向中国提出建议，用高含油量的美国大豆来交换一些用于日本食品加工的中国大豆，即三井物产将美国大豆运到大连，其运费由三井方面负担，在大连与等量中国产大豆进行交换。提案送给当时统管粮食进出口事务的中国粮油进出口总公司之后，得到的回答是：“新提案很有趣，我们拿回去研究研究再回话。”几年后，他们自己开始了互换式的调整性进口。

技术交流会上气氛开始时很生硬，过了好几天也没能打破这种局面。中国方面基本上不发言，总像是有几分惴惴不安的样子，脸上根本没有笑容。

当时，中国的一切都是政治主导，政治和形式最优先。即使向中方提出举办宴会，参加者中，实际参与交流会的也只有高层的一、两个人，其余的都是国际贸易促进会或监督机关等政治性机构的领导人。宴会上双方的首脑起立发言，总要先从中日友好的客套话讲起，吃饭时所聊的话题也多是流于形式。

大豆交流会到了第三天，中方团长突然间提出："日方提交的资料中有'满洲'字样，这是从日本帝国主义的思维方式出发来对中国的冒渎，我们要求日方为此道歉。"

中国的东北地区曾是原"满洲国"。我们也知道"满洲"是禁语，因此在提交资料前，已经把眼瞪得像鸡蛋似地检查了好几遍，而资料中的"满洲"是作为专有名词出现在二战前的品种名当中的。不过我们估计不管怎么辩解也都没有用，所以干脆大大方方地先致歉，然后再解释我们并没有其他任何企图，只是一个单纯的专有名词的技术性问题，希望能够得到谅解。

展会上，也被问到过很令人惊愕的问题。看到了精炼的大豆油后，有人问我们："有必要把油炼到这么透明的程度吗？"也确实是这个道理，炼到这么透明确实没有必要。当时除日本以外的亚洲地区，食用油都是那种黄里带一点红的颜色。为了满足人的欲望、利用人的欲望，在没有必要的地方也要去追求品质的提升。这也是资本主义所具有的倾向吧。

展会上的光景以及每天下午参观看到的郊外的居民的生活状态，引发我很多的思考。再引一段我当时的日记：

"稍往郊外走走，客、货汽车就明显少了很多。农产品的运输也多利用骡马。骡马拉着二轮的大板车，赶车人手持长鞭，坐在车帮上，有时还打个盹。感觉中国就这样一成不变地走过了几千年。农民与土地共生，用简单的农具从事农业劳作，夜里即使有电灯也很昏暗，也没有任何娱乐，只能睡觉。早上日头一升起来，就填饱肚子下地干活。还有很多家庭连桌子都没有。而发达国家的农民冬天会休假旅游，中国的农民能干什么呢？

人民都默默地盲目服从于权威，静静地忍耐。中国人的沉默里包含着各种各样的东西。

在广州也有同感，似乎中国一方面只有毛泽东思想，另一方面只有日常的生产技术，缺少中间的'科学'。据说，当时大学生人数有十二万人，要得到上大学的考试资格，必须要在高中毕业后到人民公社劳动两年。这样白白浪费了头脑吸收知识的最好时期。而且，研究所的研究员也有三分之一被'下放'了。

总结一下对中国的各种印象，首先是中国的自由少；第二，也许没有其他选择，只能在贫困状态下实现平等化；第三，这30年间，世界的进步十分显著，不仅是在物质上，人们的头脑也变得相当开阔。到了中国，才能体会到这种进步之大。"

1975年的哈尔滨

原本我们希望第二次大豆技术交流会能够到产地——中国东北地区举办，最后终于决定在大约1年后的1975年夏天，在哈尔滨举行交流会。当时东北处于与苏联关系紧张的氛围之中，外国人是禁止入内的。我们之所以能够进入，是因为中方对三井物产的大豆增产项目评价很高，急于达成具体的成果。

于是，我们成了在新中国诞生后正式访问东北地区的首批日本人。成员有长野县农业综合实验场的御子柴公人老师与日本国际贸易促进会的藤泽先生及我三人。因为这次交流不仅是品种改良，还包括栽培技术以及现场的增产技术交流，因此聘请了长野农业实验场的御子柴老师；藤泽先生则是在贸促会的专务理事森田先生的委托下陪同我们来的。当时的日中经济交流通常都通过贸促会的途径，藤泽的同行对今后的持续交流也有益处。

在当时，不仅是东北，中国所有城市之外的地区都是禁止外国人旅游的。即使在北京，往郊区走个十公里，就能看到“外国人禁止入内”的警示牌。我们的哈尔滨之行也一样，全体人员的护照都交由从北京开始全程陪同的工作人员统一保管。

出发去哈尔滨那天，将我们领到北京机场的特别接待室，休息一会儿后就去往登机口。那里一张大大的黑板上，用白笔写着当天的全部航班安排，全部的出发航班仅有十架次左右。窗外的跑道也全是一派“田园牧歌”的风景。

乘坐的是苏制高翼双引擎飞机，乘客20人，外国人只有我们三个。飞机没有空调，乘务人员送上扇子和口香糖，用以应付机舱内的气压变化。途中还在沈阳和长春降落两次。长春宽阔的机场里，整齐地排着米格战斗机。哈尔滨机场建在离市区不远的草原之中。

下榻在国际旅社（当时叫黑龙江省招待所，伪满时的大和宾馆）。当地人员也加入了从北京来的随行人员队伍，我们开始了为期9天的国宾待遇旅行。其间，随行人员与我们形影不离，即使未有过交谈，也对他们有了一丝亲近感。

闲暇无事，开始给随行照顾我们的工作人员起外号。哈尔滨贸促会秘书长做事细致认真，把气氛烘托得刚刚好，因此叫他“教务处长”；翻译小隋还年轻，就用“毛豆”（尚未成熟的大豆）称呼他；省招待所的小于长得很像棒球明星“金田正一”，于是这就成了他的代号；省招待所的小张是个“热血汉子”；而负责保管我们护照的小高总是随身带着一个黑色人造革书包，话又很少，我们总怀疑护照都在那个书包里，因此把小高称为“书包”。虽说日本有“出门靠伙伴”这句老话，给他们起外号似乎有点不恭，可是那时候看不到日文报纸和电视，又无法到街上去转，身处在与外界隔绝的世界，只能用这个来打发时间，找点儿乐子了。

正式日程首先从参观人民公社开始。当时中国正是人民公社时代，实行的是“农业学大寨”的农本社会主义。

访问的是松花江附近的“新发人民公社”。革命委员会的女副主任热情迎接我们。坐定后，她开始了漫长的致辞和公社介绍：

“公社是在1958年毛主席的指示下建立的。集体的力量得到发挥，社员们干劲冲天，通过“文化大革命”和批林批孔活动在努力进行着社会主义建设。公社的总面积为70平方公里，有可耕地54000亩，人口27000人；去年的粮食产量比“文革”前增长了30%，向城市输送鸡蛋35万斤、蔬菜1.1亿斤；现有耕作用大牲畜2500头、猪22000口、奶牛1200头、牛奶厂两个，公社累积的资金达937万元；社员每天的收入有1.6元，有小学11所，中学2所、医院和养老院各一座……”也不看讲稿，各种数字脱口而出。

还让我们参观了牛奶厂，介绍情况时，我就坐在这位干练的“女豪杰”主任身边，无意间发现在她外面千人一面的制服里面是红色的秋衣，不禁感叹果然爱美是女人的天性啊。工厂里有很多下放的城市女性在劳动，当我们要离去的时候，全体成员列队送别，当中有一个怎么看也不像在农村长大的白皙美人，她瞟过来的似悲含嗔的眼神让我至今难忘。

晚上，黑龙江省在宾馆举行招待宴会，高呼中日友好的“开场仪式”过后，坐在旁边的中国大豆育种权威、东北农学院教授王金陵就来和我搭话了。王教授的名字以前就听说过，他是战前培育“满洲大豆”的权威石川正宗先生的学生，石川先生当时属伪“满洲国立农业实验场”，曾写过《大豆栽培法》一书。“不知石川先生现在近况如何？请代问候他”，王教授如此叮嘱了我好几次。当时中国正处于封闭时代，写信与海外联系也不容易做到。

王教授后来做到黑龙江省副省长和省人大常委副主任，通晓英语，在农场有时只有我们两个人的时候用英语交谈。当我问他“现在中国欠缺的，最大的问题是什么？”的时候，他的回答是，“在所有阶段都没有有序管理”。

此行的中心任务——大豆技术交流会包括一次到产地的考察，共认真地进行了 9 天。中方参会者有 13 人，做大豆品种改良研究的顶尖人物差不多都被网罗其中，还从人民公社派来一位在大豆栽培上有丰富经验的农民代表。

交流会的内容在此略过，主要是以御子柴先生的讲座为主。我也用一天时间讲解了世界范围的大豆生产状况和气候异常问题。最后的两天作为此次技术交流的总结，对阻碍中国大豆增产的主要因素进行了探讨。

御子柴先生断定，除肥料、品种、气候、虫害等因素外，最大的危害原因来自于病毒。中方对于这出乎意料的爆炸式发言表示强烈反对，认为在寒冷地带病毒绝对不可能存活。对此，御子柴摆出从种植现场得到的证据，一点一点地进行了科学的说明，并说如果中方不认可，将会在日本公布。由于有日本的经验，御子柴先生对于病毒问题相当自信。他曾经有过大发现，就是如果能够杀灭作为病毒媒体的蚜虫，就能够防止病毒传染，仅此就可能提高30%以上的产量。

御子柴先生的看法好像给了中方相当大的冲击，交流会后似乎也进行了一番内部讨论。回北京的前夜，已经很晚了，突然收到中方的会面要求，王金陵和领导姜先生带着翻译来到房间，姜先生对御子柴先生说，“明天不能去送行，所以今晚来打搅问候一下，此次交流会十分有意义”。

对9天的交流进行了回顾，随后进入正题，他说：“实际上我们已经知道了病毒的存在，也对此加以密切关注。请您回日本后不要把病毒的事情公布出来。”

王教授也补充说：“我和大豆一起待了25年，发现病毒也就是这几年的事。”

不管怎么说，特意来到房间解释说明他们终于认识到病毒问题的严重性了，同时可能也是对御子柴先生要在日本公布的言语有所担心。粮食生产状况在当时既属于国家机密，也关系到面子问题。

回国后，从中国发来的要求对病毒问题保密的电报也跟踪而至。

相比只在上午进行的交流会，下午的游览和工厂参观充满了乐趣。风景既好，又能够接触到人们的丰富表情和生活状态，让人心情愉悦。

最初的市内观光是在松花江上泛舟。原本预想也就是乘个能载二、三十人的船，哪知登上的却是一艘七百吨级的大船。船在扩音器中“请游泳人群和小船避让”的警示声中离岸，开到了宽阔的松花江江心。在上层的后甲板上待了约一个小时，享受着微风和阳光，也饱览了对岸那广阔的大地风光。

第二次观光是参加在儿童公园举办的孩子们的欢迎会。车一到，很多精心打扮过的小女孩就围拢过来，举手欢呼“叔叔好”，并亲热地拉住我们每个人的手，接下来是一个飒爽利落的小女孩致欢迎辞，然后坐上小孩子们驾驶的小汽车兜风，最后，孩子们表演少数民族歌舞来欢迎我们。

但给我们此行留下最深刻印象的，还是到大豆产地绥化的那次访问。目的地是绥化县新华人民公社五一大队的大豆实验场。从哈尔滨到绥化，乘火车走了不到3个小时，车站相当宽敞。绥化县副县长到站台上迎接，进入出站大厅，里面静静的，当中拉着一条绳子，朝绳子对面望去，看到的是人山人海。英俊而又身躯挺拔的副县长介绍说：“这还是头一次有外国人来绥化，县城人口16万，今天有5万人出来到沿途各处欢迎你们。”

出了车站，迎接车队竟然有11辆吉普。第1辆是开路车，之后御子柴先生坐第2辆，我坐第3辆，藤泽第4辆。每人旁边有一位“礼仪官”似的陪同，前面坐着翻译。车队启动，沿途是欢迎人群，注目的焦点都在我们这边。不由自主地，我就像日本的皇族那样，抬起右手缓缓挥动致意。正胡思乱想这种体验算是空前绝后了的时候，已经来到了位于城区外的招待所。

进入房间，从床铺到痰桶都是全新的。房间的一角，有一个分上、下两截的盥洗台。不一会儿，女服务员送来热水，倒进上、下两个盆儿中，说上面的洗手洗脸，下面的可以洗脚。正当我按说的那样洗完手脚，把毛巾刚拿在手上的时候，同一个服务员又进来将水换掉，动作迅速得就像在我梳洗时就一直在门外守着一样。

中午的欢迎宴会安排得很用心。大概20道菜，多以鱼类为主，味道清淡，最后的点心是海绵蛋糕，还修饰成樱花形状。估计厨师有日据时期从业的经验。

晚上到市内的文化宫看电影，刚进入昏暗的影院里，大家一起鼓掌欢迎，似乎已提前几十分钟入场在等着我们的到来。影片的内容是人民公社养鱼获得成功的纪录片和日本舞蹈团的舞台公映影片。

回到住地，窗户上已支上纱窗，床褥似乎是羽毛材质的，虽然很高级，但躺上去身体一直往下沉的感觉，反而难以入睡。夜里醒来，听到窗外咯吱咯吱的声音，一看才知有卫兵在扛着枪巡逻。王教授等中方人员睡的是三人间的大通铺。

新华公社五一大队的大豆实验场从绥化县城出发有50公里，约两小时的车程。所经过的道路由于之前路况太差，刚刚修理过，而修路的指挥者就是后来做过黑龙江省省长、建设部部长的侯先生（侯捷）。

在这次“大豆之旅”十余年后，1986年夏天，我作为三井物产中国总代表到北京上任，秋天时候去黑龙江省拜访。招待宴会开始不久，侯省长就对我说，“虽然我们初次见面，可早在1975年就听说过你的大名了，当时负责制定接待计划和整修道路的就是我”，让我诚惶诚恐。

大豆实验场的田地一片绿色，一直延伸至视线尽头，十分壮观。但五一大队也和其他地方一样采用中国独有的间作方式，很多田里的大豆是在玉米之间套种的。大概是4.5米种玉米，再4.5米种大豆。这样虽然对玉米增收有利，但对大豆就不好了。日照减少、通风不畅和虫害增加，都对大豆产量有影响，也影响对蚜虫的防治。御子柴先生从实地考察中也发现了包括病毒问题在内的很多问题。

之后，我们准备返回哈尔滨，在绥化站的贵宾候车室候车时，招待所的女服务员气喘吁吁地跑了进来，原来是发现了我掉在房间里的100日元的硬币，就蹬着自行车送过来了。

回北京的归程，如愿坐上了火车。因为想乘纵贯东北平原的列车加深一些对大豆产地状况的理解，所以每天都催促北京方面答复我们乘火车的要求，终于得到批准。

东北地区古有高丽、近代以来有俄罗斯、日本侵入，是一片战乱连绵不绝的土地。特别是在世界性大萧条时代，是很多放弃了充满封闭感的日本，怀抱对大陆幻想的日本人投身其中的所在。也是在日本败战后，50万军人滞留西伯利亚，以妇孺为主的很多到东北的“开拓民”被苏军追击，向南展开悲惨逃难之旅的所在地。

逃难途中，被弃在半路的孩子有几万人，虽然当时处于衣、食、住都严重短缺的混乱年代，但他们都被中国人收留，抚养长大。我们在哈尔滨停留期间，日中刚刚恢复邦交不久，尚未来得及着手解决残留孤儿问题。在我们居住的国际旅社门前，有看上去明显是日本人的人士每天来来往往。由于被明确告知不得同他们接触，因此也无法为他们做点儿什么。但可以想见，肯定是想让我们替他捎信回日本吧。

话题回到返京的火车之旅上。出发时间为下午1时，提前30分钟到车站后，站长将我们迎入贵宾候车厅。好像是专为我们3人在莫斯科—北京的国际列车上加了一节软卧车厢。从哈尔滨到绥化时，也同样将乘客引导到别处，为我们3人及王教授等中方人员共16人留出了专用的半个卧铺车厢。这次又是特殊待遇。

已过了发车时间，站长这才领着我们不紧不慢地从站台走向特别车厢。车站广播通知乘客有来宾上车，于是马上从其他各个车厢里探出很多脑袋，来观看我们。

从哈尔滨晚了20分钟出发，到下一站长春用了三个半小时。沿线虽然种着树木，但还未长高，可以远眺东北辽阔的大地。很多地方的田地被防风林似的树木划分成一个个大地块。美国中西部的粮仓地带很少能看到防风林，而且非常平整，而东北的大地则有平缓的起伏，而且在低处分布着村落。田地虽然修整的不错，但作物的生长状态却并不太好。到长春的下一站四平时，太阳已经落山。之后经停铁岭、沈阳、大虎山、唐山、天津各站，于翌日早8时过到达北京，行程19小时。

听日本贸促会的藤泽先生说，同行的中国贸促会技术交流部的林副部长曾问他，“三井又做不成买卖，为我们做这些，到底为什么呢”？做这些和眼前的利益毫无关系的事情，难道就是为了增加自己的信用度和名声吗？

到北京，去贸促会打了个招呼后，我就乘下午的班机返回日本。在飞机上，我这样写道：

“有一种从梦境中的国度返回的感觉。早上在天津迎来日出，现在已在通往羽田机场的航线上。2周时间没有看报纸、电视，第一次远离先进文明，反而感到了内心的安宁。”

关于大豆的技术交流，我还提出聘请日本农业实验所的专家、与保持高产纪录的农民交流、农药肥料与机械化的技术交流、接受美国派遣的专家等建议，此后交流一直持续进行。同美国的交流是1979年，我在纽约工作期间邀请了伊利诺伊大学（我曾在那儿作为修业生留学过1年）的两位教授到中国进行交流活动。这也成为后来运用大型农业机械开发三江平原的契机。三井物产在伊利诺伊州有一家从事大豆收购的合资公司，也进行品种改良。

与制油相关的交流此后也持续了十几年。

通过以上这些工作，三井物产在大豆产业上实现了开发用于制作纳豆的中国大豆的进口渠道，与中国达成了重新进口大豆的长期协议机制等，在业界的地位得到提升，而且1979年成功地向中国售出了美国大豆。我从美国去中国访问时，也得到了窗口单位中国粮油食品进出口总公司老朋友式的热烈欢迎。

1976年，我开始到美国工作，刚到任不久，就应美国农业部邀请，去华盛顿用幻灯片讲解中国的大豆生产状况。当时，美国只能依靠驻华使馆、香港渠道和中央情报局（CIA）了解中国农业情报，没有能见产地实际情况的人。因此我的讲解有很多人旁听，除农业部以外，似乎还有 CIA 的人和来自几所大学的人员。我还被请到伊利诺伊大学，在一间大阶梯教室做同样的讲解，也是对曾经在那里学习过的一种回报吧。

第三章

派驻北京——改革开放时代

北京赴任

我于1985年结束了整整9年的美国外派工作后回到本社，可仅仅过了一年，就又被调任到了北京。

我在三井工作期间，只要是一买房子或是自盖新房，就会赶上调岗的“厄运”。原本一心一意、精心建造新家，是为了让卧病在床的母亲能同我们一起在气派的新家里度过有生之年，可房子盖完还不到两月，就不得不又赴外国工作。1974年也是如此，在通货膨胀最激烈的时候，我刚在母亲住所附近贷款买了公寓，让我去美国工作的消息马上就传出来了。

下面又有点儿扯远了。刚买的公寓不得不租出去，头一个租客是在美国大使馆工作，姓氏很响亮的肖普（Shoup）先生，原来竟是1949年美国政府派来为日本制定税制改革政策的哥伦比亚大学卡尔·肖普

（Carl Shoup）教授的侄子。说是因为要在横滨的“CIA”开办的日语学校学日语。当看到租房合同书更是吓了一跳，租赁人栏上竟然是国务卿基辛格的签名。房租先预付1年，在高利率的年代对我来说还是很合算的。

再回到正题，身居“驻中国总代表”这样的高位很没有自信。进公司以来，我的工作也就是在粮油部门，和知根知底的同事、下级一起，从事着熟悉的商品的买卖工作。而且，将我视为自己孩子一样的上级也给我很多庇护。

而这次去北京上任，必须负责公司在中国所有业务的运营管理工作，除粮食外，纤维、物资、化学品、钢铁等等，有很多未知的商品和未知的行业，并且还只能依靠以前从不认识的部下开展工作。当被问到我的工作打算时，我的回答是先用半年时间去听别人的话，学习、熟悉情况，拿出工作方针是以后的事情。

“经营管理就是使用不熟练的部下，处理不了解的商品，通过部下来提升业绩。”这样教导我的，是在孟菲斯收购的库克公司的副总经理杰里尼。他原来虽并不掌管公司主营的粮食领域的业务，而是负责冷僻的胶合板部门，但在公司出现危机时，却是被委以负责所有部门运营重任的人选。他还对我说过，“要是觉得哪里不对劲儿，就多向部下问几遍。与其命令，还不如询问更为有效。这就是经营管理的技巧”。

三井物产的大前辈们也告诉我很多东西。而说得最多的就是，“作为驻外的支店长，在交接时最重要的就是移交好在当地的人际关系，即所谓人脉，将要保持和发展人脉留给后任”。在人际关系是任何事情的基础的中国，这一点确实是最为重要的。

改革开放与派遣大型代表团

由于邓小平的“改革开放”政策的推动，当时的中国在经济上已相当开放，贸易形式已从单纯的原料、成品进出口变成了包括加工贸易、补偿贸易等在内的多样化形式，并且，通过日元贷款和世界银行融资进行的大型商务和合资等投资事业也在进行。1987 年新领导上台之后，推进对外开放的程度又上了一个台阶。

回顾战后商社在中国的活动，可以说是伴随着中国的改革开放一起发展壮大的。中国首先是从农产品等初级产品的出口做起。农作物丰收就能出口，将收入纳入国家预算，用来进口必需的机械等商品。这就是最初的外贸模式。每年春、秋两次广州交易会是主要的进出口洽谈窗口。

1978 年，中国制定了“改革开放”的政策，翌年，“中外合资企业法”开始施行。1980 年批准设立外国企业驻华办事处后，三井物产随即设立了北京事务所。从“第一通商（三井物产为开展贸易而设立的替身公司)”时代到我的前任久佐贺总代表，前任们付出了卓绝的勤奋与努力。到我接任时，已经在上海、天津、大连、广州、青岛和南京设立了事务所，同中央政府和地方政府的领导层的关系也逐步得到强化。

另外，大宗商品的贸易也分别与对外经济贸易部下属的各商品类别的外贸总公司建立了渠道。保持好与这些总公司的人脉关系十分重要，同时到各地方去拜访一下也是必要的。而且，当时晚宴是重头戏，还必须喝茅台或当地的名白酒，好像又回到了驻台北的时代。

接任时，在整个中国有不到 50 名日本职员，生活条件，特别是地方上的条件很恶劣。当时的状况是，没有能买到日本食品的商店，虽然从公司总部寄来一些商品，但也很不方便。北京更与别处不同，没有信得过的医院，日本人学校更无从谈起。去同事们的宿舍拜访，看到他们居然就在厕所和盥洗室里做饭，自来水管里水锈太多，流出的水都变成茶色。办公室里电话经常不通，航班也总是延误。似乎还总处于被监视的状况下，工作和心理上的压力不断累积，而且晚上也根本找不到可以纾解压力的娱乐场所。

虽然如此，但全体同事仍然是斗志昂扬，将公司的“把中国视为业务发展最重要地区”的方针当做自己肩负的责任而努力工作。我们感到，扩大对华贸易渠道与建立一个协助日本企业开拓中国业务的体制是必须完成的任务，总公司业务部也专门设立了中国室作为参谋和后援部队。

第一件工作就是拓宽三井物产与中国之间的交流渠道。我们同中国室一起筹划、组织了一个大型的“三井总经理访华团”，自江尻总经理以下，访问团成员还包括驻美国、欧洲、大洋洲的15名公司高层在内，共有32人。1986年11月，在3天时间里，会见了田纪云副总理、国家计委甘子玉副主任、国家经委吕东主任、外经贸部郑拓彬部长、国际贸易促进会贾石会长、中国国际信托投资公司（CITIC）荣毅仁董事长等，还访问了日、美、英、澳等国的驻华使馆，并分成几路人马，分别访问了冶金工业部、水利电力部、农牧渔业部、北京市政府、石油化工总公司等十几个相关部门。

三井物产表现出的，不仅局限于中日之间，而是谋求扩大同世界各国之间的贸易的积极姿态，给中国领导人留下极为深刻的印象。田副总理说，“有了三井这样的环球网络和丰富的经验，我们就能够考虑扩大中国商品的对外贸易了”。

在答谢宴会上，总经理也同时宣布了驻华总代表的更替。除中方副部级以上要人28位及几十名局级贵宾以外，还包括来自日、美、英、澳的企业代表等，共计约600人参加，这是一场盛大的展示活动。筵席的奢华自不待言，还邀请到东方歌舞团做歌舞表演。客人对此也好评如潮，一位美女歌手用日语演唱的《冰雨》令我印象深刻。

在招待会中加入歌舞伴宴的娱乐形式，恐怕不仅在北京，就是在全中国也是头一份吧。能够邀请到东方歌舞团，付出的报酬仅仅为10万日元。还因为他们不愿要现金，最后是买成乐器送过去的。

总经理访华团从机场接机到最后回国的3天时间内，还烦请公安部门一直派先导车引路，沿途根本无视路口的信号灯，还有过因为时间太早，不得不再多兜几个圈子的情况。这也就是只能在当时办到的事，现在是不可能了。最后也没有给公安部门报酬，只是送了些烟酒之类的礼品。

与田副总理会谈之际，江尻总经理递交了包括五方面内容的对华提案。五项提案的内容是：一、促进合资合作；二、扩大中国产品的出口；三、对华提供融资；四、介绍先进技术；五、对人才培养提供合作。

这五项提案也是三井物产中国区域的基本战略，直到1989年夏天后一度中断。关于第一项的合资，我接任时有两家合资公司，到1990年我离任时已增至16家；第二项出口，虽在纤维、粮食方面有所进展，但未却能实现目标；第三项融资，通过所谓“江尻贷款”向外经贸部提供了1亿美元的融资，包括到返还阶段的全过程，后面会详细叙述；第四项介绍引进技术，不仅是通过合资合作，还努力抓住任何机会力争实现目标。

在这里，我要对第五项的人才培养多说几句。三井物产接受中方派遣研修人员是从1979年开始的，主要在位于富士吉田市的贸易研修中心进行，有为期一年左右的正式课程和两月期的短期课程。

在总经理提案后，又启动了到美国哈佛商务学校（Harvard Business School）的研修计划。三井物产的哈佛商务学校短期研修生制度是从1972年开始的，去那儿研修需要相当可观的费用，然而在得到了美国三井物产社长“费用全额负担”的大方承诺后，给中方增加了研修名额。从1987年起，扩充了三井物产在哈佛的名额，由三井物产出资让中方派两人赴美研修。以中国国家计划委员会和对外经济贸易部的相关人员为主要对象。

研修生数量到我离任的1990年为止，累计有赴日研修者52人，赴美者7人。在日本接受过培训的全体研修生曾到北京事务所的大会议室举行过聚会。他们中有的担任外经贸部现任日本司长，也有的担任外经贸部下辖的外贸公司要职。现在，三井物产仍在复旦大学和北京大学举办讲座活动，用不断发展的新模式继续着人才培养和文化交流的活动。

1987年6月，以三井物产八寻俊邦董事长为团长的高规格使节团访华，该团由三井集团麾下的25家公司的董事长等组成，总数达到62人，进行了声势浩大的公关活动。引人瞩目的是，以前只是各公司单独行动，而这次则是以跨业界的集团形式来展现积极的态势。除了谈实际业务的“硬件”的方面，还强调了灵活的“软件”的重要性，即开展捐赠图书（总值1000万日元）、开办经营研讨会、推动中国出口和加强对中国的投资与技术合作等活动。

之前同中国主要政府机关的领导会谈，总是希望我们能够为其提供与中国经济改革开放相适应的合作。以此次使节团为契机，一些以前搁浅的项目（同日本大赛璐化学工业公司合资生产卷烟过滤嘴用醋酸纤维项目等）得以具体推进，也促进了一些新项目的逐步成型（如大连的水泥合资项目）。

作为这样一场“大戏”的幕后工作人员，我们驻华办事处以全部力量投入从前期筹划到具体的个别接待等辛勤的工作之中。与集团中各大企业的领导层的接触，无论对日方职员还是当地职员都是很好的经验，而且受到他们褒奖对我们也是很大的激励。从正式访问的准备到在人民大会堂举办大型酒会的组织和接待服务，积累了很多实际操作的经验。在当时的中国，这样的大型使节团的形式也是十分必要的。

变化中的中国

世界各地的支店长每年一次给公司内部业务刊物的《新年特别号》投稿在当时已成惯例。

就任6个月后，我就在1987年的《新年特别号》上以《变化中的中国》为题发表了如下的文章：

“从‘文革’时期的大呼口号、争斗不休以及对欲望的压制中走向开放，即使加以控制也会很自然地顺从着人们的欲望，并以此为基础，举国走向经济建设的道路。……不知谁曾提过，日本是一枚加工过的1克拉钻石，而中国是一枚未经打磨的10克拉钻石。而打磨方法就是现在开始的努力学习和勤下苦功。在实验过程中即使不断出现错误，但终究会取得持续的进展。这对于有富余设备和金钱的各发达国家来说是一块仅存的‘新大陆’。

驻华办事处的最初梦想，大概就是到13年后的2000年能够成为一个拥有由中国财界人士组成的顾问委员会、当地职员能担当领导职务、旗下拥有多个合资企业的当地企业法人。现在我们的活动还受一定制约，因此要达成梦想，必须在人才培养和业务拓展上多想办法。（追记：现在三井物产已成为当地法人，拥有多家合资公司，北京支店长已由中国人出任。）

1988年，我在该刊的《新年特别号》上以《坚定前进方向的中国》为题写道：

“在“改革开放”路线上平稳前进的新领导体制业已形成。首次实现的非死亡、非倒台形式的领导层更替和年轻化，没有发生什么骚乱，使人感到明朗和安心。

就任已经过一年半时间，觉得较为亲近的人际关系已经开始形成，同时感到中国的‘成年人（成熟的人）’要多于日本。拜日本继承三代就财产丢光的高遗产税制度所赐，日本实现了平等社会，但大家都终日忙忙碌碌地只顾自己的事情，似乎越来越缺乏成年人的风度。我觉得，经济关系要再向上发展，‘从容不迫的气度’这种文化上的东西也是必需的。”

1989年的《新春特别号》写的是：

“中国自古就有‘治国之道在乎宽猛得中’的老话。宽是和缓的一面，猛是严厉的一面。孔子也认为，刚柔相济才能取得政治上的平衡。如今，中国人对这种平衡也十分在意。

另外，现在中国经常被提到的词语还有‘放（开放）’与‘收（治理做过头的地方）’。似乎多数场合，总是重复‘放—乱—收—死—放’这样的过程。

去年在共产党‘十三大’决议上对中国的路线作出重大变革，我也曾以《坚定前进方向的中国》为题向大家做了介绍。但还没过一年，就出现了‘收’的动向。不过，无论如何，发展生产力、走向富裕才能使社会主义存在，发挥民间活力试行商品经济的路线完全没有发生变化。‘得中’不是能轻易能够实现的，事实上只能或左或右地逐步接近平衡。

问题在于由于经济增长过快、通货膨胀与干部的腐败导致了国民的不满。希望能够真正地进行‘经济秩序与环境的治理整顿’。

对于我们来说，在履行合同的问题上要以强大的忍耐力来应对。一方面通过合资使公司能够在中国生根发芽，也能够使当地职员尽快成长起来，希望继续得到大家的理解和支持。”

与电子工业部的大型谈判

在几项大型谈判之中，首先想提及的，就是与电子工业部之间的彩色显像管生产设备的谈判。到1980年代中期，中国的消费能力提高，电视机也由黑白向彩色过渡，每年要进口400万台。为实现彩电生产的国产化，于是中方就拿出了统一整体购入彩色显像管生产设备的构想。

当时日立已在咸阳设厂，每年生产150万台。前国家主席江泽民在1985年作为电子工业部部长访问了东芝的总部和位于姬路的工厂。在我到北京上任前两月的1986年5月，电子工业部发布了整体引进显像管生产设备的采购计划，因此相关谈判就成了我到任后首个大项目。三井物产的合作伙伴是东芝，但是由于三井与台湾曾有贸易往来，在“周恩来四原则”的影响下，进入中国迟了一步。因此，东芝在大陆的主要窗口选择了“日棉”（日本棉花株式会社）商社，对华业务的八成通过日棉，仅有两成通过三井物产。这样一来，谈判最初的工作就是向东芝显示三井物产的力量，引起他们的兴趣。通过与总公司协商，制订了从底部迂回攻击的“作战攻略”。东芝和日棉的北京事务所都设在北京饭店，而我们的事务所位于中信国际大厦，这在竞争上就明显处于不利地位。于是我们就以“显像管谈判北京对策室”的名义，也在北京饭店租了房间。对策室里还摆上了东丽公司委托我们保管的极尽奢华的红木大桌。

与如今不同的是，当时北京的饭店很少，要想保证订到房间也大为不易，在接待时预订饭店也是一大日常工作。并且，当时电话线路很少，且通话质量极差，如果不像吵架似地大喊大叫，就根本无法通话。同中方商定会面事宜同样也是工作的一大重点。概括起来，商社的工作首先是，包括翻译工作在内的后勤杂役。

从公司总部派来了负责商业谈判的金子慎义和今后将长期驻留的林姓台湾出身的正式职员，再加上北京支店的我和资深“中国通”——机械室总经理大高（此后升任公司常务和中国总代表）。在公司期间与大高有过几次奇妙的邂逅，我被派驻台北时，他作为汉语修业生已先到台北；1976 年我去纽约，他也先到那里工作；这次我出任中国总代表时，他又以机械室总经理的身份来迎接我。大高在纽约工作的时间不长，也是因为总公司判断在中国的业务即将进入实质化阶段，以及东芝方面的要求才调至中国吧。不管怎样，有他这样一位精通英语和中文的老手坐镇，我心里就踏实了。

他的部下有一位叫胡伟的。另外还有一位专为该项业务聘请的英才何小硪。何先生是金子先生聘来的，毕业于南京工业大学，他在学校这一条线上的人脉也对此项目的进展起到了推动作用。通过与林先生的搭档合作，他也带来了很多有价值的信息。

谈判从西安、南京和上海三地一起整体引进的采购方式开始。如同在台北经历过的一样，这是中国式谈判惯用的手法。通过统一谈判的大订单先勾起卖家的胃口，再用整体采购的方法来压低要价，之后再分解细化到三个地方；对于设备资料的内容也要求细化，将软件部分与硬件部分分开；还要求对技术要点进行详细说明，如果判断中国自己能做的，就从采购订单中剔除出去。

东芝公司原本设想，西安方面的交涉主要交由日棉负责，而南京和上海由三井负责。不料南京当地在谈判中途又提出了成立合资公司的新合作形式，因此与当地的谈判变得重要起来。于是，东芝的专务董事三好先生和三井物产的副总经理水民先生会合一处，想用高价购买的日本人偶艺术品做见面礼，与江苏省的女省长会面打通关节。

事先，我们已经掌握了荷兰飞利浦公司同江苏省关系相当深入的情报，但飞利浦与省干部的关系之深则超乎了我们的想象。最后，省长没有答应我们的会面请求，虽然答应了与我们谈判，但我们已经有最后南京会选择飞利浦公司的预感了。中国的政体诚然是中央集权，但省长也握有相当的权限，而且与中央也有过沟通吧。因此，南京很快就在没有竞争的情况下决定与飞利浦合资了。

三井物产只剩上海这一块阵地了，与日立的竞争也达到白热化程度。日立是和伊藤忠商事公司一起合作的，他们已经开过签约成功的庆祝会的传闻都已传到我们的耳朵里。就在这样万分关键的时刻，从开始谈判起已经过了半年的11月下旬某天凌晨两点，我们被约到电子工业部，三好专务董事与对方展开了最终谈判。上海最后选择与东芝合作，签订了总额为700亿日元的大订单。三好专务作为这次谈判的总指挥，对中方和日立的动作进行了细致的解读，并抓住时机促进谈判进程，终于达成了协议。

每到紧要关头，三好专务总是亲自出马。不管是一星期也好，两星期也好，在北京饭店订个房间，晚饭后，他把我们和东芝的职员集中到房间里，手拿一杯加冰块的威士忌，听着大家“那边有如何如何的动作啦，中方说的哪句话其本意又是如何如何”之类的报告，做出自己的判断，再接受大家的询问。工作就这样周而复始。

如果要举出这次谈判成功的第一大原因，我想应该是聚合了形形色色、风格迥异的人才，且大家能够各司其职、形成合力，并由出色的团队协作精神来指挥各项行动。这也正是中国人所说的“天时、地利、人和”。

三好专务精通中国的古典文学，特别是熟谙古诗词。曾听到过中方人士“三好先生对中国了解好深啊”的感叹。对三好专务的信任与尊敬，大概也是决定谈判成功与否的关键之一吧。

中国的商务首先是人际关系。驻北京期间，有一次，和英国某公司的老板聚餐时，他向我抱怨，“跟中国人简直没法做买卖，好几次诚恳地作出说明，他们就是不理会我们公司的方案”。我问他和中方吃过几次饭，他的回答是“就一次”。于是，我开始了对他的“布道”：

“在中国，不在一起吃过四次饭就想谈生意可行不通。因为中国人讨厌在见面之初就谈生意上的话题。第一次吃饭接触，就是专门为了看你是什么样的人，关心的是你是否值得信赖，也就是先看你的人品。第二次就是了解你的公司是怎样的公司，能够给他带来什么利益。第三次是要确认你在公司里的地位，是不是能够担负起引领公司的重责。买卖的核心内容这才终于浮出水面。就这样相互了解、建立人际关系之后，在第四次时才进入正式谈判，如果进展顺利，兴许当场就能达成一致。”

我在美国，曾有过两年期间从未谋过面，仅凭电话进行交易，直到回日本后才在东京见过那个人的经历。

当时，我的工作是做谷物对日出口的助理，与大牌谷物贸易公司路易达孚（Louis Dreyfus）的联系人每天要打好几次电话，以确定交易。

谷物的交易，已经形成了一套相对固定的规则和合同范本，基本上已经程序化；而且三井物产和路易达孚之间也有长期的公司对公司的业务往来，因此仅凭电话就能搞定。不过，这也就是在美国的特例，这套做法拿到日本似乎就已经行不通了，要是在华人社会，这种事情百分之百地不可能。

在华人社会，仅仅凭借公司与公司的良好关系就简直是不可能办成事情的。因为他们的社会不是由契约关系的网络构成的，华人的公司也建立在人际关系的基础之上，而并非由契约关系而结成。华人的企业管理者也不是像美国那样用一纸合同雇来的 CEO。最近中国的公司也开始变得与华侨的公司相似。亚洲将继续存在着“人际关系中心主义”。

显像管谈判结束之前，又有一个大项目落实了。这就是向位于上海附近的北仑发电厂出售 60 万千瓦的超临界发电设备。在我上任前，由机械室总经理大高长期负责的该项目的招标方为中国技术进出口总公司，我本人也曾多次到该公司和电子工业部拜访。和显像管项目一样，也是以制造商东芝为中心，由总部和驻华办事处一起组成团队工作，直至最后签约成功。当时经常到中国的东芝人是高屋光吾和伍堂英雄两位。

留在记忆中的有两件事。其一是，在签约仪式当天，中方在确认三井物产的江尻总经理和东芝的三好专务董事已启程去往机场回国时，又提出降价 75 万美元（相当于合同总额 6000 万美元的 1.25%）的要求，这还是惯用的中国式谈判术。当时已经在某种程度上有点儿心理准备，东芝认为再说三道四也没办法，就平淡地接受了。

其二是，在显像管谈判时也有相同现象，当时在大型项目谈判的结果即将明朗化之际，如果你领先于其他竞争对手，就会有各种各样的代理商或掮客似的公司闻风而至，要做你最后谈判的帮手。三井物产从来不会和这类公司打交道。不过，这些传信鸽子为了找吃食而来，却带来了好兆头。

合同签署后，李鹏副总理（当时）在会见时与我邻座。李副总理原来当过发电厂的工程师，因此对发电设备的话题聊起来很起劲。他还称赞了日本公司在售后服务等方面将用户的利益放在心上的企业规范，并举了日本公司（也许是日立）在发电厂出现故障停工时立即乘飞机送来替换零件的事例。

免除“老朋友”三井的违约罚款

当时，中国的民营企业很少，大宗商品的对外贸易都须经过中国对外经贸部下辖的各进出口公司。如果是粮油类要通过中国粮油食品进出口总公司，要是钢铁类，则是中国五金矿产进出口总公司。我也曾通过招标方式，同中国技术进出口总公司（以下简称中技公司）进行过肥料等各种商品的交易。

后来做到中技公司总经理的T先生也是我不能忘怀的人。他是个作为中国的后备干部一步一步升上来的优秀人才，身材不高，但给人一种平衡感，为人亲切，人品出众。

T先生曾任三井物产、中国投资银行和中技公司三家合资成立的一家国际租赁公司（以通过国际租赁来帮助产业实现现代化为目的）的董事长。公司总部位于上海，但每次开董事会总是换换地方，有时也到云南那样的风景地举办。也许是旅行能够使人际关系变得更为率直真切，也能使交往更为深入吧。T先生作为董事局会议的主持人，将会议进程掌握得公平且巧妙。先不公布自己的意见，而是让大家充分地各抒己见，等到最后才加上自己的看法，最后做出圆满的结论。谈话方法使人觉得既稳重，又充满了幽默感。

某一天，我满怀着紧张的心情与具体承办业务的井形先生一起到中技公司拜访T副经理（当时）。因为三井物产虽然在中技公司进口印度尼西亚肥料的招标中竞标成功，但却无法履约向中技公司交货，即出现了不能按时交付货物（non-delivery）的违约情况。合同采取的是到岸价即CF合同方式，在通常情况下，只要拿出装船的证明就能够视为货物交接完成，但是中技公司的招标中含有货物送达期限的特别约定条件。本来在印尼购买的肥料已经在港口码放得整整齐齐就等待装船了，最后却等来了三井雇佣的货船在海上出现故障，无法航行的消息。由于施用肥料是有农时的，误期交货也就失去了购买的意义。在预定到货地福建省的码头上，还有很多运货车在等待着货船的到来，单单运货车的误工费恐怕就超过了10万美元。如果加上预期利益，那么由对方提出的索赔势必是巨额的。不容置疑，对此我们也有了充分的思想准备。

当时与中国的交易非常艰难。在那个时代，办事情不顺利是司空见惯，即使没有违约，也经常会受到中方的索赔，由于怕从此被禁止再同中国做贸易，经常会做出种种让步。曾有次因卖给中方的机器噪音太大而被索赔，最后还是做让步，为其无偿提供了消耗性零部件。后来才知道，对方就是因为没有购买备用零件的预算，才进行投诉索赔的。如果是真正违约，那对方的索赔要求就更离谱了。

曾有个日元贷款项目，本来我们都已经得到合同编号了，但第二天其他公司给了一个更低的报价，这边的合同就被取消了。也出现过这样的事情：历时两年，投入了大量的人力和物力，就是为了保证该项目的万无一失，可最后还是由于情报被泄露给其他公司而导致了竞标失败。

见到T先生后，我方诚实地将事情原委和盘托出，并对违约表示了极大的歉意。T先生一语不发，默默地听着，而当我们说明结束后，仅过了一次呼吸的时间，就用“算了，都是老朋友”这样轻描淡写的一句话把这件事一带而过了。

以指责对方、向对方索赔为常态的中国居然有这种事情：即使在华人之间，如果已经成了伙伴，也就被问到是否诚实地付出了自己的最大努力没有。不问最后的结果如何，只要是诚实地尽自己的最大努力，就会得到肯定和原谅。要是没有良好的人际关系，就不会有这样的结果了。

这里顺便提一下后来发生过的事情。在1989年夏天之后，欧美国家停止了对华经济合作，对日本也提出了对华施加压力的要求。但井形先生却曾告诉我，在发生事件的第2个月份，中技公司有过一次2万吨尿素的招标，仅有3家公司投标。据说，日本商社中只有三井物产一家，中国方面对此十分感激。理所当然，三井竞标成功。

四通公司·大连水泥·1亿美元贷款

四通公司因电子打字机而风靡一时，一时间被称为中国的“IBM”，是我在北京任职期间拜访的第一家客户。它是1980年代中期由清华和北大的四个优秀的年轻学生创立的纯民间企业。1986年，我去拜访的办公室还是由仓库改造成的简陋狭窄的小房间。不过，会见的那四位年轻人的坚定目光和认真的创业欲望，留给我的鲜活印象仍记忆犹新。

领头人W先生是清华大学出身。四位领导人分别学习中文、数学、汽车等不同专业，一起形成公司的决策层。这也是他们的电子打字机软件开发成功的原因之一吧。软件开发的工作地点位于北京郊外的一长排半地下小屋，隔成不到四平方米的小间，每间里都有一位软件开发人员在里面终日摆弄着计算机，个个都是具有很聪明的头脑的年轻人。

据说在“文革”时代，W先生和D先生都是红卫兵组织领导层级的人物，因为这样的朋友关系，D先生后来进入了四通。W先生脑子相当清楚，充满热情、辩才无碍，是一位优秀的创业家。三井物产在1987年就向尚处于摇篮期的四通注入了资本。这是希望在胸中燃烧的中国年轻创业者与同样年轻的三井物产职员多田三德君及中入纯君意气相投而培育的合资公司。合资的框架是中方负责软件方面，日方负责硬件方面。当时的政府也给予支持。公司业务急剧扩大，销售额从1986年的1亿元急速增长到1988年的10亿元人民币。

与我在美国从事合资经营业务的经验相比，四通无论在公司业务的前进方向上，还是在董事会的资料准备上，都要优于美国。每年几次的董事会也都充满乐趣，除北京和东京外，董事会还跑到中国各地去开。

我在“6·4风波”5天后的6月9日，遵从日本政府要求“国民全体离境”的劝告回国，然而，14日就回到北京。当天，四通就发来了出席有电视录像的董事会的邀请，我们理解其用意可能是想通过三井方面出席会议向外界宣示合资伙伴对四通的支持。不过，出于“一是太着急，二是说法不妥就会给三井物产带来麻烦”的判断，最后决定由老资格职员白鸟代替我出席。

四通一直发展顺利，到1990年，销售额达13亿元，在1990年代初成功在香港上市。四通掌握着电子打字机全中国市场份额的75%，1997年销售额达66亿元，公司规模10年内扩大10倍以上。

然而，也正是在电子打字机上的大成功导致了四通转向个人电脑市场的脚步过于迟缓，没能抓住商机。当时比四通规模小得多的联想现已发展成集团公司，并收购了IBM的个人电脑业务，已将四通远抛在身后。

战前，小野田水泥公司在大连设有工厂。1987 年，随三井代表团访华的今村一辅总经理向我表示，希望能协助一下重返大连投资设厂。于是，我马上开始了在大连的信息收集工作，很快得知大连已经开始与日本的秩父水泥公司商谈合作。大连的魏富海市长精通日语，给过三井物产很多照顾。虽然双方关系很好，不过，在市长已经开始了项目谈判并取得一定进展的时候，我们再贸然去要求进行合作谈判反而会起副作用。因此决定，一方面从正面收集情报，同时研究在事情即将敲定之下用什么办法加以推翻。

经过调查，得知市长已经去秩父水泥公司考察过，也弄清了秩父水泥公司将要投资建设的是一个中等规模的水泥厂，日产水泥 1200 吨。这是我们在与一位同大连市某副市长关系很近的人士一起做别的项目时打听到的。由此，我们决定集中火力，攻击秩父计划中的 1200 吨日产量规模过小、投资回报率过低的弱点，以为扭转被动局面的杀手锏。

此后的一年时间里，三井物产和小野田水泥频繁往来于大连与总公司之间，经过磨破嘴皮的不断游说，最终赢得了魏市长的直接会见的邀请。在北京西郊的某宾馆大堂单独会见市长的那个下午我至今还记忆犹新。“你们提出要建大工厂，那么，你们的方案平均每平方米的生产能力是多少呢?”市长抛来的类似这样的技术性问题一个接着一个，当时就已有“市长开始倾向于我们提案”的感觉了。

下级总是服从于上级的，市长既已对我们有所倾向，后面具体事务的进展就一马平川了。今村总经理也来到中国进行最后的谈判。据说大连方面到最后突然提出将土地使用权价格提高 8 亿日元，而事情到了这个份儿上，今村总经理也只好接受。

合资签约仪式于 4 月 19 日举行，小野田水泥的今村总经理、三井物产的江尻总经理以及中方的邹家华国务委员等参加了仪式。

1亿美元贷款这个项目是1986年11月三井总经理团访华时，江尻总经理在会见田纪云副总理时提出来的，希望为中国提供的这笔资金用于中国出口相关事业，总额为1亿美元，无附加条件贷款（放贷期3年、免还期5年、偿还期5年，共计13年）。这项建议得到中方积极评价，田副总理通过政府某部指派其下属的信托公司，于1989年通过日本某驻华银行签订了融资合同（由三井物产全额担保）。后来，该信托公司在中国的“政企分开”原则下同原部委脱钩，成为了某国有贸易公司下属的子公司。

然而到后来，在贷款只还了30%的时候，该公司遭遇亚洲金融危机影响而资不抵债，在尚有7000万美元本金未还清的情况下就不再偿还贷款了。当时在广东也出现了广东国际信托公司（GITIC）破产导致日本驻华银行利益受损的情况。要知道，当时的中国可不像现在这样有充足的资金。中国政府机构将拖欠的贷款完全归为企业责任，上面提到的母公司也以该公司是独立法人为由，提出只能等最后的公司破产清算，极力逃避责任。可是这7000万美金的本息和滞纳金对于我们三井物产来说，却是不能等闲视之的辛苦钱，决不能轻易舍弃。

为了挽回损失，三井物产付出了呕心沥血的切实努力。公司内业务部门和财务部门组成团队，派出了最有经验的优秀职员负责与中方的交涉。向中国政府的干部说明和强调这笔贷款的性质应当属于“准政府借款”的三井的主张，要求政府拿出偿还贷款的方案。在向众多的党政部门进行呼吁的同时，还以总经理的名义给中国的国家领导人写信说明情况。信写给谁，也是需要经过讨论的，经过对情况的充分调查和权衡，最终决定把信寄给副总理和主管该方面事务的国务委员。

不过，到那个层级的干部会不会看我们的信还是个问题，还有必要使其理解和认可这件贷款案与通常的民间融资不同，在签约时具有准政府借款的特征。在这个问题上，该事务担当者找到了眉目。不仅针对借款公司及其母公司，还到共产党中央的各委员会和小组、中国央行、外经贸部、司法部、外汇管理局、税务总局、中国驻日使馆等几乎所有相关部门进行了切实而又坚忍不拔的游说活动。

到2000年，终于签署了解决该案的备忘录，2002年最终偿还后，收回了全部本息以及一部分滞纳金。解决此案的优秀职员是个中国通，我在北京就任期间始终给我很大支持。后来，他如此抒怀：

“中国政府或是企业的负责人中很多人都很讲道理而且认真、一丝不苟。不过，一旦涉及所谓国家利益或单位的责任问题，就会变得善变或不讲理。不过，如果有在中国内部负全责的人物帮我们说句话，哪怕是很暧昧的指示，大家就会回归理性，用有条理和诚实的态度来同我们进行交涉。”

第二次商社首脑访华团

1990年10月，在三井代表团第一次访华的4年后，为了传达三井物产针对中国第八个五年计划起步而制定的对华基本方针，由总经理熊谷直彦、负责中国业务的专务董事大原等17名公司董事级人士组成的总经理访华团访问了北京和上海。在北京拜访了国家领导人、国际贸易促进会、国家计划委员会、对外经济贸易部和中信（CITIC）公司。在总经理的招待宴会上，以田纪云副总理为首，有外经贸部部长和冶金、能源、化工、交通、轻工业、卫生等各部部长级贵宾12人和副部长级31人在主桌就座。

实际上，这场宴会还有告知大家由常务董事小野泽接替我北京总代表职务的另一层含义，我离开北京的日子越来越近了。

与第一次访华团相比，这次的气氛更加实在和融洽，会谈更注重实效。总经理提交了对华意向书，设定了几个目标：作为基本方针，将中国作为公司发展的最重点地区；深化同中国的伙伴关系；之前的合资公司已有 16 家，到 10 年后的 2000 年要达到 100 家（2000 年合资公司数量已轻松突破 100 家大关）；将以往仅限于联络业务的事务所改造成当地法人公司，使公司发展更具活力等。

作为人才培养的新举措，访华团还提议在对外经贸大学开设三井讲座，并准备采取在香港设立三井基金，用基金收益从包括日本的世界各地延聘教授授课的做法。

在上海会见了后来成为总理的朱镕基市长。朱市长提出要加大对第三产业的投入，邀请我们协助参与浦东地区开发计划。这是继以前某次只有很少人参加的“浦东开发说明会”之后，我与朱市长的第二次会面。浦东当时还是什么像样的建筑都没有的安静的田园。而朱市长的计划相当宏伟，还提出要引进金融和研究部门等无烟产业。说句实话，我当时觉得那是说梦话。可如今，浦东到处耸立着摩天大楼，国际机场和生物等研究基地业已形成规模。对于朱市长，首先回想起的是他那身朴素的西装和不同色的袜子，留给我的是一个智慧、充满激情、朴素的领导人形象。

在会见朱市长的前夜，为庆贺北京的访问达到预期的成功效果，团员们举办了庆祝会，气氛热烈到了极点。大家齐声合唱那首“喝到这美酒，全靠某某某”的祝酒歌，从总经理的名字开始，每唱一个人的名字就用中国白酒干上一杯，喝的酒不计其数。到会见时，没有处于酩酊状态的只有总经理自己了。

操劳与失败

关于工作中的操心费力，已经讲过几个例子了。当时中国处于“改革开放”的尝试阶段，难免会出现错误，并且法制不完善，人们的商业素质也很低下。因此，我们日常业务既有很多操心费力的事情，也有许多失败的案例。如果不讲几个实际的失败例子，恐怕会误导读者，也有失公允吧。

1980年代，处于中国“改革开放”的黎明期，接受中国共产党和政府的邀请，三井物产开始涉足与中国的合资事业。三井物产认为应率先参与这种新的尝试，就参与了几项合资，不过其中大部分项目都要费尽心力才能取得回报。租赁事业就是这样的例子。我们出资参与了上海和北京的合资租赁公司，但在回收租金时却遇到很大困难，尤其是在北京。在“借东西必须要还”的意识淡薄的时代，又出现了地方分权的动向，要是租赁方与地方政府有联系，要想靠商务手段回收简直不大可能。也出现过即使得到法院的胜诉判决，最后也无法执行的极端情况。

1987年，日方三公司在北京合资建设房产的项目也是麻烦一箩筐。该项目包括商用房、公寓和餐馆，中方出资比例为30%。虽然出资不多，可却总是想增加一些原本设计方案内没有的房间。日方对此不认可，导致对立情绪产生，于是，对方好像与所在的区政府联手，在项目完成后不给项目通电。虽然有某个日本人表示愿意从中调解，但我们谢绝了。我们认为，应该以心换心，用直接摊牌的方法试一试。于是，同总公司的一位部长一起，与项目的中方领导到郊外的宾馆住了一晚，酒喝到位、话说到透，结果不久之后就开始供电了。

日本社会党应中方的合作要求，于 1986 年由日本四家公司负责投资的宾馆项目的事情也很难忘。建设基本上按计划进行，但到了宾馆交付使用、投入运营的阶段，排挤和取代日方经营权的动向就开始出现了。一般说来，即使有日方几家公司的投资，最后还是要由三井物产向合资公司派出管理人员。这个宾馆项目也是这样，认真而冷静的 I 氏被派到宾馆负责经营，强调要严格管理。然而某一天，接到一个让我觉得十分厌恶的电话，电话里无中生有地捏造了很多关于 I 氏的丑事。

没过多久，该宾馆的所有权转移给了上海的一家民营集团公司。如果合资企业搞得好就被夺过去，如果失败了，就要负起责任来。也许这个项目属于这种例子。这个宾馆的经营权几经易手，和记黄埔也是众多经手公司中的一个。

1997 年夏，当时中国最先进的大型精米加工厂在东北地区的粮仓地带开业。这是 S 公司建议结出来的果实。日本的 S 公司曾在中国商业部主办的研讨会上介绍了提高精米出米率的技术，并提出了中国应建设现代化精米加工工厂的建议。三井物产也为此出力，耗时几年才得以建成。

该工厂与中方合资建设，日方以 S 公司为主体，三井物产也出资参股。在开业两年后，通过主要面向日本的出口实现了盈利。在创业的同时，由三井物产代表日方对当地企业派出了高嶋先生，他在当地得到很深厚的信赖。

不过，出口的数量毕竟是有限的。为提高设备使用率，使事业获得稳固支撑的基础，打开面向国内的内销渠道就显得十分重要，但却总是打不开局面。盈利也只维持了 1 年。经过一段时间，经营上也出现了纰漏。日方选定的清华大学毕业的中国厂长并不熟悉粮食流通环节，与工厂之间也缺乏相互信赖的关系；另外，原料采购本来应是在董事会上研究的重要事项，也在日方不知情的情况下，订购了错误的原料，而且还签订了长期供货合同，造成极大损失。

并且，工厂所在地的生活条件也过于简陋，派到当地的工作人员吃了不少苦头。

于是，根据我的建议，招聘了一名台湾人（女性）派往工厂，也许是她处理问题的方法太过于直白吧，中方的态度变得更加强硬起来，事态也更加恶化。中方最后故意找了个茬儿，与政府某部门联手，阻止向她发放入境签证，结果使她不得不离开工厂。

就这样，日方在设厂仅5年后，就不得不表示要撤资。不过，资产评估需要相当长的时间，虽然有对方指定的会计师事务所进行的监查，但最终只能象征性地以1美元的价格将资产处理给对方，并签署了备忘录，到最后清算完毕又花费了数年时间。

失败的原因有很多。首先是事前的可行性调查不够，例如精米的品质虽然得到了提升，但当时中国国内的市场尚未成熟，对精米的评价不高，导致销售不旺。我们在加工过程中选用了最尖端的色彩鉴别机来清除石块和夹杂物，并加上漂亮的包装作为促销措施。而当时大部分消费者的观念还是不管品质怎样，便宜就好，都是买便宜的大米后自己手工去除夹杂物。理想与现实的差距太大了。

工厂的选址也存在问题，如果选在消费能力高的大城市附近也许还好一些。派驻人员的生活问题也是应该考虑的一个方面，如果没有合适的人选，即使项目能够启动，也不会有好的结果。

在中方合作伙伴的选择和人际关系的培养上也存在问题。并且，中方和我们是不是同床异梦？中方想将当地的米加工成精米销售，而对于品质管理十分严格的S公司来说，更希望不仅从当地也从其他地区采购品质好的原料。不过，在这个工厂开设的同一时期，人们对现代化精米加工技术越来越关心，S公司的设备也就出了名。现在，S公司在中国有自己的工厂，随着中国经济的发展，来订货的客户络绎不绝。

强于应付危机的中国人

我感受最深的就是处于危机之中的中国人是最顽强的国民。无论是在北京事务所一起应对危机的中国职员的行动，还是在街道上看到的人们的言行，都展现出了平时见不到的中国人的另一面。

1989年5月中旬，正是游行的最高潮，大街上已看不到警察的影子了。然而不可思议的是，乘公共汽车时，车站的样子完全不是我们所想象的混乱状况，大家都很有秩序地排队候车。后来听说，那几天是北京发生犯罪行为最少的时期。我由此感觉到，中国人一想到要做一件事情，就是很讲团结的。

三井物产采取的危机管理措施是，在郊区设立临时事务所，并制订了应急机制，即在日本职员全体撤回后，由当地职员分工管理各项业务。6月9日，我接到了日本大使馆久保田公使劝告归国的电话，在北京的5000名以上的日本人几乎全部回国。三井物产原本留下的日籍员工只有业务总经理白鸟、总务总经理间所、财会总经理三村和我4个人，这下也不能不回国了，于是任命了4名经营委员（李淳、马竞谊、韦荣春、张玉河），在临时事务所留下6人（4名经营委员加上张磊、徐程）值守。由于每天到临时事务所上班缺乏交通工具，路途又远，所以，在事务所所在的宾馆租了三、四个房间作为他们的宿舍。

我归国前留下这样的指示：“我们回国后希望你们坚守岗位，业务上由4位委员合议决定。每天用传真向总部报告北京的形势和特定事项。了解内蒙古等北京机构管辖地方客户的情况，也请为各地的日本人回国提供协助。”

临时事务所的日常运转需要资金，留给他们 7 万元人民币现金，作为工资和必要的经费，此外还预支给他们每人 1000 元. 这笔钱后来就当做特别奖金发给他们了。

9 日中午，我们从宾馆出发。把当地职员留在北京，心里真不是滋味。一边为他们祈求平安，一边拥抱握手道别，然后奔赴机场。

在临时事务所留守的当地职员每天就在宾馆的职工食堂用餐，辛苦地从事着信息收集工作。报纸停刊，只能看电视、打电话，然后大家一起分析后整理出每天的报告，内容按照如下顺序写：一、北京形势，二、形势分析，三、评论，既详细又井井有条。留守期间生意也没耽误。晚上无事可做，他们就以打扑克来消遣。

后来，负责财会的经理三村回到北京，经营委员马上提交了会计报告，没有瞎花一分钱。

事后，在总公司的大会议室召开了报告会，我讲了如下的话：

“关于中国今后的政治社会局势，即使出现混乱也不会扩大，更不会发生分裂。第一，有文革的教训，都能认识到没有国家的安定，就无法进行经济建设，生活水平的提高更无从谈起。中国人认为不去尝试就不能够理解，也会反省自己是不是跑得太快了。第二，中国人已经意识到中国的建设需要良好的国际关系。第三，军队的动向是关键，中国‘党指挥枪’的观念深入人心，而且 45 岁以下的军人大都受过大学教育，对社会上的事了解得很清楚。另外一个稳定因素就是中国的国民性，政治成什么样子就是什么样子，今后会专注于经济建设。因此，在实际的商务层面，没有必要那么担心政治上的动向。”

此外，我还谈及了当地职员的突出表现：

“此次事件中有两个可喜的发现，这就是各位当地职员表现出来的优秀工作能力和对公司的忠诚。北京事务所有5天，天津、南京、重庆等4店有约一至两周时间，都只有中国职员留守。这在本公司的历史中也是很少有的例子，其间，他们也做了相当多的业务。我觉得中国人的努力与韧性，相对于太平日子，在动乱时代更能看得到。”

西方国家的“经济制裁”

1989年夏天之后，中国为恢复对外信用，竭尽了全力。因为外国的投资和技术支持对经济的发展是十分必要的。

回国呆了5天，到6月14日，包括我在内的少数人终于下决心回到北京。日本对中国有大额投资，在贸易层面的相互依存程度上也有与欧美国家无法比较的关系，即使遭到欧美国家的批评，也不能不回来继续工作。

回来之后才知道，欧美国家所讲的与事实完全不符。回来之后的6月20和21日两天，中国政府机关和国有企业就召集和邀请外资企业出席说明会。记忆最深刻的是陈锦华（后成为国家计委主任）先生在中国石油化工集团公司主持的会议。我怀着可能会遭到国际批判的心情去参加了会议。可到那儿一看，与日本只有2家公司出席相比，有大批的欧洲大企业出席了会议，如德国是巴斯夫（BASF）、伍德（UHDE）等石化企业和银行等共5家公司，英国有英国石油公司（BP），法国是道达尔（TOTAL），而且有些连我们都说不出口的奉承话他们也满不在乎地说出来了。

对欧美企业的返回和之后的活动情况，我们也分头做了调查。在

20 日举行的工商行政管理局的说明会和第二天举行的中国国际贸易促进委员会说明会上就得出了结果：很多欧美企业参会，如美国罗克韦尔自动化（Rockwell）、德国克虏伯（Krupp）、法国巴黎国民银行（Banque Nationale de Paris'）、加拿大皇家银行（Royal Bank of Canada）、意大利菲亚特（FIAT）等知名公司。

上海也召开了同样的会议，美国麦道飞机（McDonnell Douglas）、英国皮尔金顿（Pilkington）、德国大众（Volkswagen）等多数企业出席。

关于欧美企业的回归和活动情况，以及欧美国家政府的融资情况的持续调查，我们也向日中经济协会打了报告。根据得到的资料，到 6 月底为止，共有美国 43 家、德国 31 家、英国 11 家、法国 22 家、意大利 16 家欧美企业返回。而且，如美国进出口银行在 6 月 19 日发通知，将在 5 月签订的 1 亿美元借款合约按照原定计划实行等。此外还可以确认，公司高层来华访问并签订合同，或进行新的商业项目谈判的欧美企业也不在少数。

日本对于国际批判极度神经过敏，而且也太把它当回事儿了。根据各种调查，欧美企业并没有受到其政府的压力，是否撤出是基于每个企业对自身安全的判断。另外，新的项目和合同也是出于每个企业对风险和经济利益所做自主判断。

而我们在返回中国的问题上却是谨小慎微，且费尽心机，还与业务部一起协商，统一了被问到为什么回北京的口径，列出了以下几项理由：一是保住在华事务所；二是对 60 名当地职员进行管理；三是清理和履行剩余合约。

在剩余合约中含有肥料、钢管以及其他美国商品的对华出口，中国的对美出口也有 3100 万美元之多，事实上，钢管的 550 万美元信用证开设虽然非常艰难，但从 6 月 23 日起，钢管已在美国西海岸安全装船。

也就是说，我们可以主张，日本商社不是只为了日本才回到中国的。

山本条太郎·大豆·孙中山

即将离开中国的时候，在北京事务所的最后一次朝会上，我引用了山本条太郎的话——“中国是一个大舞台，是我们开拓商务的新大陆”，希望公司“要像山本条太郎那样得到中国人的信任，要有远大的构想和脚踏实地的实干精神”。

山本条太郎生于1867年，从三井物产横滨支店入店后，做到常务董事，后因“西门子事件”辞职，加入政友会后，5次当选众议员，做过满铁总裁。有关他的生平在《山本条太郎》（山本条太郎翁传记编纂会1942年、1990年出版）一书中有详细记载。曾先后两次约20年在上海工作，具有宏大的构想和活跃的工作能力，35岁就当上了第三任的上海支店长。

回到总公司后，还做过中国总监督，特别是在他周围聚集了很多中国实业家，并得到他们的信任。在成为政友会干事长前两年，他与松冈洋右一起访问上海市，曾发生这样一件事：上海市总商会会长傅宗耀在山本面前行了三拜九叩的大礼，还久久不愿起来，满座皆惊。这是由于山本在任上海支店长时，在傅的事业遭受致命打击时曾搭救他于水火之中。

山本曾这样回答别人的询问：“虽然他们身上也有缺点，但是没有人像中国的商人、实业家那样重视契约承诺的了。一旦信赖你，就绝不动摇。对于中国人，如果不把亲和力和道德作为基础，就无法做到大成。平常的生意往来不用说了，如果对方有恙就送上药品，作出了发自内心的慰问。在课本印刷业务上，我们全都是不赚钱平价提供的，总共印了4亿册教材。对中国要以培养幼苗的观点行事。”

他告诉我们，如果不信任对方就得不到信任，而且，首先努力和中国人交朋友是非常重要的。

山本条太郎在中国做成了几件大事。一是把中国大豆出口到世界市场。明治二十四年（1891年）只身到营口开始运作大豆，并针对东北地区的农产品和商业写成了详尽的调查报告。1908年，他让通晓英文的石田礼助（后三井物产常务理事、国铁总裁）驻在大连负责大豆向欧洲的出口。当时欧洲用印度棉籽作为食用油原料，由于1908年的绝收而价格暴涨，山本带着100吨大豆的样本奔赴欧洲，将大豆成功推销出去。仅仅3个月就在欧洲签订了8.5万吨的销售合同。这是“满洲大豆”大规模出口欧洲的开始。

当时东北的大豆总产量为100万吨，仍不能满足需求，三井物产就在大豆的增产和扩大出口上下功夫。在改良品种、清除杂物、扩充铁路运输能力、改善船只装卸设备等各个环节都做出了努力。

第二件事，开发了湖南省的矿产资源。当时湖南省属于德国的势力范围，1907年他将三井物产的修业生、会说北京话和上海话，并精通英语的森恪派往长沙办事处，一点一点地蚕食了德国的商圈。森恪在日俄战争期间，曾在上海借船阻止了俄罗斯波罗的海舰队的靠港。并在海上驾快艇航行一周时间，发现波罗的海舰队，是一位赫赫有名的人物。他曾写过《在大清国南方建立企业》的文章，指出华南，特别是长江和珠江流域将来大有希望，大清虽国富但民穷，如果能以资本和技术作为武器，打入到富国与贫民之间，则企业未来的成功可以期待。

1911年是辛亥革命爆发之年，当时孙中山曾向三井物产上海支店长藤濑政次郎要求借款500万日元，山本作为常务董事以及对华最高负责人坐镇指挥，同意了借款要求，并想把它转化成为商机。

山本将陷入经营困难的汉冶萍公司的中日合资作为借款条件，首先是得到相当于500万日元的汉冶萍公司的股份，将公司改为合资，然后由该公司向国民党提供500万日元的贷款。在当时，500万日元相当于三井物产资本金的四分之一，远远高于年利润。在签订合资契约的同时，也同八幡制铁公司签订了在50年内向其提供生铁的长期契约。

500万日元中有300万日元给了国民党政府，余下的200万日元充做国民党政府向三井物产购买物资的资金。不过，由于湖北军政府的反对，以及孙中山将大总统让与袁世凯等，中日合资也中途受挫。

山本还将孙中山邀请到日本，并根据他的提议设立了中国兴业公司（后为日支实业），发起人会在三井物产集会所召开，该公司中日双方各占50%股份，以事业调查策划、直接间接的事业投资、公司债的担保、金融与商务中介等作为主业，正式起步。公司也得到了三井物产以外的出资，总裁由孙中山担任，涩泽荣一、大仓喜八郎、井上准之助等人担任顾问董事。但这也随着孙中山的没落而没有取得预期效果。

第四章

从文化入手——日中两国“同文异种”

学习汉诗

我到北京做总代表之前，去拜访了原三井物产总经理水上达三先生。水上先生曾在天津和北京工作过，对中国十分了解，并且有种种成熟的想法。二战期间，水上先生任三井物产天津支店物资课长，我的岳父当时就是他的部下。我的岳父在战争结束前一年从天津转到马尼拉支店，遇到当地征兵，最后战死。由于这层关系，水上先生自告奋勇地为我妻子和我保媒，我和妻子结婚后，他也给了我很多教导和帮助。

当我向他询问到中国工作的注意事项时，他这样回答：“在中国要把商品和地区都分散开，如果都集中到一地，就会遭到嫉妒。此外，工作也要从文化开始入手，例如茶道就不错。”

关于分散地区和商品的风险管理措施，是我在中国开展业务的一项方针。关于文化，由于最主要的是工作即人际关系，所以我想通过聊点儿工作以外的话题来扩大交往面，再通过文化来建立人际关系。

水上先生做过几个日中团体的理事，我在北京工作期间也投入精力，参加了中国的绿化活动，有几次在北京遇见过他。

在北京，我们早晨经常一起散步，他对树名简直无所不知，经常如数家珍地指给我，这是什么柳、那又是什么柳等等。三井物产为中国捐献少年棒球场也是出于水上先生的强烈意愿，在中国很少有人听说过棒球的时代，恐怕这也是中国的首座棒球场吧。广州的捐赠开场仪式，我也有幸出席了。

由于有水上先生的教导，我到北京上任后，在汉语学习之外，马上开始了汉诗及太极拳的学习。在台北支店上班时曾学过一点汉语，之后在美国待了整9年，汉语又全都忘光了。于是请来北京第二外国语学院的英文教授来我的公寓，用刊登国家领导人的演讲等的报纸作为教材，练习发音和阅读能力，在正式学习的前后，还会用英文加汉语聊聊有关于中国局势等很复杂的话题。

汉诗老师是战前曾在庆应义塾大学学习、通晓日文的殷华琈教授。他是北京外交人员汉语教学中心的副教授。有一年半左右时间，他每个月有几个周末来我公寓教授汉诗。选择的教材基本上都是在日本也相当有名的唐诗。教课过程首先是用中文读给我听，然后录到磁带上，再逐字逐句地加以说明和整体解释。我一共对50首诗进行了饶有兴致的彻底研究。

唐诗流传至今的约有4万首，作者1000余人，其中最优秀的诗人就是浪漫主义的李白和现实主义的杜甫。汉诗指的就是汉民族的诗。第一首五言绝句，学的是孟浩然的《春晓》，用中文朗读的汉诗听上去，四声的变化好像音乐一样朗朗上口，配合诗韵舒服地刺激着人们的听觉。第二首是李白的《静夜思》。

五言绝句之后进步到七言绝句，有李白的《望庐山瀑布》、杜甫的《江南逢李龟年》、白居易的《后宫词》、苏东坡的《饮湖上初晴后雨》等。学得越多越感觉汉诗不光有音乐性，同时还有画面感。就像画画或是画速写，描写方法十分客观、细致。例如对于光亮的形容就有各种各样的描写方法，采用不同的汉字来表现。色彩描写也会形成对比，非常有趣。例如白居易送给朋友的诗《问刘十九》中写到“绿蚁新醅酒，红泥小火炉。晚来天欲雪，能饮一杯无?”其中绿、红、白（雪）的颜色对比就十分耐人寻味。

对绝句的第二个感想是，四句之间的结构联系非常有逻辑性。例如第一句是背景，第二句是说明，第三句是对主题更深入的描写，第四句则留出了想象空间。我被绝句的魅力所倾倒，它的色彩、音韵和余味无穷给我很多享受，绝句好像能让你感受到很多诗里没有写到的东西。汉诗老师也说过，诗里没写到的东西越多就越是好诗，即所谓“意在言外”。

如此，完全改变了我在高中时代对汉诗的印象，在日本学的汉语文式即所谓“汉文腔”过于僵硬呆板，而汉诗并不是那么严谨和严肃的，它的特点是舒缓、写实、平和且细腻以及饱含层次分明的愁绪和幽默感。

日本的汉诗朗读方法和翻译方式可能一直是错误的，以为中日间是同文同种，就把文化上存在差异的汉诗，用日本式的方法直接读出来了。在竹田晃先生的直译方法出来以前，也许去阅读英译版本才更能接近于原文所表达的意境。

日本传统的诗歌是和歌与俳句，在反映文化上比汉诗更为暧昧。一次我问老师，怎么看日本的俳句。他回答，俳句能够排除你脑子里的杂念，让你看到另外一个世界。要是翻成中文，那原文的妙处就会大减。

就像日本的清酒也是在日本的气候条件下，配上日本料理才更加美味一样。因此，要学习哪个国家的文化，只有去亲身感受一下才能真正了解。

学习书法

和汉诗一样，书法也不像在日本学的那么“严格”。我曾在著名的刘炳森先生的周日习字教室里短暂学习过，刘老师是中国当代书法家的代表人物，可以说是20世纪与启功齐名的书法大家。日本的电视台也曾播放过介绍他工作状况的纪录片。他曾谈到日本书法的写法过严，即过于严格和严谨。认真和整齐就会使字显得生硬，是日本文化的特点在书法上的反映。电视上曾经播放过刘老师在创作书法时要听着西班牙的波列罗（Bolero）音乐，然后轻松挥毫。可惜的是刘老师在十年前，仅仅67岁的时候就去世了。

同样，在书法练习中，中国与日本之间的差异之多也令我吃惊。首先，在日本教的是笔尖毛不能沾上一半以上，而刘老师要求全部沾上。就是说，笔尖是难以稳住的。在握笔方法上，刘老师要求中指和食指并拢握笔，而我小时候学校的要求是用拇指和食指握笔。日本的书法教材上除了这种两指握笔的“单钩法”，也列有食指和中指并拢的“双钩法”。

中国的书法更为自由，例如“人”这个字，在写到那一捺最后向右上挑的时候，要把笔顺时针捻动就能够写得很好看。这个手法叫捻，是日本见不到的技法。另外，老师在写“月”字的第二笔时，向右拉笔后不急着马上向下方运笔，而是先顿一下，再有力的写那一竖，而且在写勾的时候也不会马上向左上斜挑，而是先向左下顿一下笔，再左上斜挑。

从这点上，即使不那么严谨也不会介意的中国文化，和不规规矩矩做到端正就不被认可的日本文化的差异，就显现出来了。

周日教室里聚集的住在北京的日本人学习都很认真，很多人都很快脱离了业余阶段，甚至有人已开始学习隶书，而我总是脱离不了初级阶段，直到最后，才终于开始认认真真地临摹起王羲之字帖来了。

王羲之是书法家中的大家，楷书、草书均可称冠绝古今，据说他的书法曾由空海带到日本。他的书法中充满活力，不拘泥于字体的大小，每一笔都倾注了自己的感情，书法整体布局有一种充满跃动感的节奏，给人以美感。据专家称，日本的楷书基本上是深受王羲之的影响。

刘老师是一位既爽朗又稳重成熟的书法家，创作了很多书法作品，经常把它作为礼物送给朋友，现在我家里还挂着几幅他的书法作品。

我觉得中日两国的茶道也是同文异种，从很高的地方向杯里注水，或是杯口周围溢出水来也不放在心上的温茶杯的方法等，中国的茶道显得很豪爽，而传到日本之后，就升华成一种仪式了。

如果不是隔海相对，那么吸收了中国文明的日本，也许会被中国文明所吞没。正如最近去世的文明冲突论者亨廷顿教授说的那样，日本是另类的文明。它吸收了外国的文化，与日本式的东西相融合，产生了自己独有的文化。因此，虽然说日中之间一衣带水，但却是同文异种。

一说到同文异种，就想起林芙美子的一部短篇小说。日本侵华战争期间，年轻的她作为随军记者来到中国。有一天她独自走到广阔的农村，觉得腹中饥饿，走了半天，终于看到一个老农夫。她并不太懂中文，就试着用笔写下她想要的食物，写的是“我要卵子”。哪知老农夫看到之后，撒腿就跑。因为在中国话中，“卵子”的意思是睾丸，而并非“鸡蛋”的意思。

太极拳与气功

太极拳和气功是向有著作的大家沈先生本人学习的，他每周到我的住所来一次，教授一小时左右。现在想起来也觉得不可思议的是，教我汉诗的那位老先生也是屈尊到我的住所给我上课，而我支付的费用仅有每月40元。沈先生已年过古稀，早上骑自行车数十分钟到我这里，半年左右手把手地教我，之后很多时候，他的女儿常代替他来。

太极拳是中国拳法的一种，以舒缓的动作活动筋骨，达到锻炼身体和修养精神的目的。基本上是每次都把客厅的桌子搬到一边，腾出空间来练习。练习结束后，经常是坐在地毯上，与老师相距60公分左右，用盘腿的方式对着面打禅。在日本可没有离那么近对坐的。

光练太极拳觉得不过瘾，后来我又开始学太极剑。即手持一把长剑，缓慢地舞动。不过，在客厅里舞剑，空间就不够了，所以到教室去进行了几次“特训”，老师是那位沈女士。过了几个月，沈老师还邀请我和其他学生一起去参加表演赛。如果没有调去香港这件事，说不定我就和中国的青少年混在一起去参加团体表演了。

香港的公司宿舍有个大露台，为了防止把太极拳忘了，我大约每月在那里练习一次。这已经是大约20年前的事了，现在已经完全忘记了。而且，舞那么重的剑，身体吃不消，好几把剑都已成了摆设。

派驻北京过了3年后，经日本人会的朋友介绍，参加了一个气功小组，跟随不同的老师学习各种各样的保健方法，感觉是与太极拳、太极剑什么的相比，既方便，又实用。

这个小组的老师已经年过七旬，仍然身材挺拔、仪态潇洒、不苟言笑，总是面无表情，十分洒脱。要是在日本，这样的大家基本上是把学生当成自己的弟子，要求他们跟在自己身边去领悟道理。而这位老师则不然，总是以谦虚的态度把所有的东西都展示出来，并加以客观说明，是日本所没有的长老类型。

不久后，我向老师要求单独教授可以长寿的气功课程，即秘传功法“抗老防衰之六球运转功”。其中包括男性重要部位的锻炼方法，因此不能在有妻子和保姆的家中授课。于是，每周六下午，等公司职员都下班后，到公司我的办公室里，锁上门接受特训。第一堂课是理论学习。首先讲的是“天有三宝日、月、星，地有三宝水、火、风，人有三宝精、气、神”，然后讲“下球藏精之所，中球藏气之所，上球藏神之所”，即人的下球（睾丸）是藏精力的地方；中球（丹田）是藏气的地方，是身体活力的来源；上球（眼睛）是藏精神的地方。锻炼下球可以增长精力，对中球施以气功能补充元气，经常转动眼球能够保持头脑灵活。

在与中国人打交道时，经常会遇到这样的谈话过程。他们不会马上将话题引入实质问题，总是在似乎毫无关系的宏观层面上讲一通大话，然后逐步把话题转到焦点上，最后要求解决一个现实的小问题，就如同绝句的写法那样，决不会像日本人那样，单刀直入地对现实问题下结论，而是从理性思考的过程出发，再转入实践论。这位老师的说明也是这样。

背景说明还在继续。“人随着年龄增长不断消耗元气”，所以需要经常修炼“真气”，即生命的推动力。他还提到过，“男子需要女子拥抱”，“女子需要男子拥抱”，“孤阴不生”、“孤阳不长”，要“相互借助”。

我的中国话应付不了这么难的气功用语，上面的这些话都是他每次写给我的。秘传功法“抗老防衰之六球运转功”不是用复印机复印出来的，上球、中球、下球各12套功法，共计36套，都是他自己用笔一点一点记录下来给我的。

理论性的背景说明过后，开始了秘法传授。以下球锻炼为例，或拉或抻或卧共有12种功法，分别重复动作36至81次。虽然老师是年过七旬的老先生，但是两个大男人光着下身对坐在公司房间的椅子上，学生模仿老师的动作练习，这光景与其说是在传授中国文化，倒不如说是在演滑稽戏。

让我感到困惑的是，老先生说下球的锻炼“时间不限，越长越好”。但我当时工作很忙，没有那么长时间练习，也就是在冲淋浴的时候锻炼一下。如果这个功真像老师说的，是中国五千年以来的长寿秘诀，那现在可真是太后悔了。

和老先生只在气功小组、和我个人上课时见过面，他总是那副很淡定的表情，耐心回答任何问题。他给我的资料和笔谈的记录，至今仍然珍藏着。如果他现在活着的话，应该是超过90岁了。

我现在已经活到七十好几，开始练长寿秘法已晚，还在持续做的只剩下沈先生传授的那一套气功了。即放松、入静、腹式呼吸等9种形态（各做9次），然后，将两手放于丹田前，重复几次基本动作。另外，每天睡觉时，在床上鼓起眼睛进行几次腹式深呼吸，作为气功的一条基本原则，要有意识的快速吸气，慢慢呼气，因为这样能够活动副交感神经，使人得到放松。

此外，我现在还在练从张宝胜那里学到的几个功法，一个是早晨起来以后，立即在脸部、头部、脖子以及耳朵上各按摩9次，还有在乘车时用拇指轻按食指的第一关节，然后集中意念进行休息的方法，以及坐在椅子上，用腹式呼吸轻轻地从腹部呼气来减少腹部赘肉的方法。

与特异功能者会面

北京有一所中央音乐学院，可称中国的“朱利亚音乐学院（The Juilliard School）”，是中国最好的音乐类院校，集中了从全国招收的最优秀的音乐人才。在北京工作期间，我妻子曾去给这家学院的小提琴课帮忙做钢琴伴奏，因此，我也常去听那边举行的一些小型音乐会。当时，中国基本上没有这样的音乐会的公开演出，所以，能参加这样的活动感到很激动，还因此结识了作曲家O先生，时常见面。他也是一位交游广阔的人。

一天，他打来电话，说午饭时让我一起去见一位高人，很少显露在人前的特异功能者，而且也知道我很忙，特意约在了公司所在的中信国际大厦28层的餐厅“世界之窗”。

每次和O会面，总能碰到一些比较另类的人。这一天见到的人中，有一位是包姓作家，形象简直和香港华侨毫无区别，谈赚钱做生意比谈论文艺的话还要多。他说，文化部和他本人各出3000元经营一家连锁的制作壁纸和西装的裁缝店，每个月有18万元的利润，还说自己尚未结婚，常和漂亮的女朋友一起去日本旅行。

而且O先生的名片上也写满了头衔，如中国音乐家协会会员、中央音乐学院高级讲师、音乐艺术教育基金办公室主任等，最后还写着中国艺术家旅行社驻日本代表。在日本也有住所，也懂日文，那天，凡有不明白的话，都是他给我做翻译。

之后又有两个人落座。一位是自称按摩医师的小个子，是和谁来的也没搞清，说仅凭把脉、看舌苔就能诊断病症。我就让他帮着看看，他事先说明只给中国人看过病，由于饮食习惯不同，可能判断不准。然后，他给我把脉，看舌苔，之后问我是不是时常大便不畅。而我却没有这方面的烦恼。

另外一人身着海关制服，名片上写着张宝胜私人顾问，印象中海关人员在中国应属于精英官员，而他却更像一个商人或是一个掮客。

在台湾工作时也曾经历过，在中国总有出席一些主题不明的聚会的时候。聚会是自然形成的，还是谁抱着某种目的组织的，根本无法判断清楚。

对于我来说，是抱着亲身感受当地文化和与当地人直接交往的心情参加这种聚会的。年轻时在台北支店工作期间，在这类晚餐会上，旁边就曾坐过一位自称原来是黑社会成员的人，还跟我吹嘘说他杀过人。我马上就意识到，我作为三井物产职员坐在那儿合适吗？并心想，和工作关系以外的人交往也有风险，在相互了解之前，有必要划出一条警戒线。

我在20多岁的独身时代，在美国工作期间，也有同样的经历。在纽约的爱德华多机场（现在的肯尼迪国际机场）等出租汽车的时候，结识了一位正好也要去新泽西的美国朋友，大名鼎鼎的Vicks公司的职员。在他的邀请下，我加入了一个差不多都是同年纪的单身男子俱乐部，聚集的人从数学家到画家，他们都是有一点古怪的前卫思想的人，日本人只有我一个。这是一个感觉很奇妙的俱乐部。每次聚会就是边喝酒，边探讨艺术，或是聊聊爱情经历和女性等话题。但是，在美国，除了游玩以外，基本没有参加过那种有点什么主题或是目的的集会，而从在台北和大陆的交友情况来看，纯粹就是作为朋友来集会的情况很少，多多少少都抱有这样、那样的特定目的，特别是在还很贫穷的中国，会有各种各样求人办事的情况。举个例子来说，见面总会有人问我，能不能帮着在日本买个电视或是能不能帮着他找工作等。

曾有一位叫寿祝高的努尔哈赤长子的直系后裔。如果不是比长子更为勇武的次子继承了努尔哈赤的事业，寿先生就是可能当上皇帝的人。他儒雅而有气质，毕业于庆应大学医学部，长期担任北京铁路医学院副院长，自从在北京三田会（庆应同学会）上认识以来，在中国文化以及古董收藏上教了我很多东西。

和他交往两、三年后，1990 年，公司决定让我去做香港三井物产的总经理，寿先生就请我帮忙让他的女儿也能去香港工作。虽然我想帮忙，但由于当时限制太多，最后没有帮上寿先生。

通过这些交往，我认识到中国是个只有打好了人际关系的基础才什么事都好办的社会。

不过，那天同 O 先生的聚会单纯出于让包括我在内的亲密朋友都能见到平时无缘得见的世外高人的目的。这是因为那之后，O 先生没有一次提到过要求回报之类的话，只是让我坐在主宾的位置，介绍我是三井物产在中国的最高领导人，有点以此抬高身价的意思。三井物产有在长期历史中建立起来的信誉。由于公司有信用，而使我得到别人重视的经历有过好几次。还曾有一家公司，因为我在三井物产工作过，所以就让我当该公司的董事。

从工作层面来说，也同样有过这样的经历，和三井物产有过交易或是三井物产给公司出资等也成为信用的保障。不过，三井物产也被人说成是一块丝绸手绢，意思是虽然起不了什么作用，但给人一种干净的感觉就是他的价值所在。任何事情都是信用第一，一旦失去信用，要挽回就太难了。希望晚辈们认真地维护公司的品牌，将它擦拭得更为明亮。

饭吃到差不多的时候，聚会主题的特异功能者终于在数名看起来身体很结实的青年陪伴下现身，名字叫做张宝胜。据说，他基本不在公众场合出现，常被很多解放军士兵保护着。据说他是一个能够使人致伤或是用手点火、能办任何事情的特异功能者，现在从事给共产党干部治病的工作。士兵对张宝胜的保护，同时也包含了防止他胡作非为而采取监视手段的意义。

这个特异功能者让人感觉好像是一个营养失调的，很神经质的青年，一句话不说就坐在圆桌旁我的邻座，一副紧张兮兮的样子，哆嗦着腿。我们差不多都吃饱了，而他只点了玉米汤和小豆馅的汤圆，似乎平时也吃东西不多。

海关先生向我介绍说，张宝胜只要往我戴的表上吹一口气，表就坏了，而且还会跑到旁边那个扣着盖子的瓶子里。我半信半疑地问，到底能坏成什么样子，他回答是表蒙子碎掉，表针会向外飞出来。我说，我的手表是刚买的精工表，定价 12 万日元。在座的所有人都说，这表太贵了，就别试了。海关先生就说，张能用手烧我的西装。这也觉得有点可惜，想用领带代替。海关先生却说，从没用过这么便宜的东西来做表演。

正当我的疑惑到了最顶峰的时候，把我拉来的 O 教授说，用他的西装，于是他很快脱掉西装放到桌子上。张说要集中精力，于是就沉默着一直目视前方。他的脸上有一种平和感，从侧面看过去，鼻梁很直，眼光锐利，同常人有点不同，冷漠的表情让人感觉他好像离这个世界很远。他把手放在西服口袋的边上，经过一分钟左右，开始有细弱的黑烟冒出，然后逐渐上升，烟色眼看着就浓了起来。

“哎呀，不好!”O 教授急忙抓起西服在桌子上敲打着灭火。

如果是偷用火柴，只会烧一个地方，但在被认为是指尖接触的地方有三处烧焦的痕迹。

坐在张右边的是我，左边是包姓作家。我们都不看不出来这里边有什么机关，也没有发现在手指上涂有硝酸之类化学品的痕迹，包作家对此啧啧称奇。

在说明中是这样介绍他的：“张宝胜幼儿时，有次向父亲报告说，听到过高层公寓顶层有人谈话。他父亲去确认，确实如此。他还能用手看字，还能看到放在有铅版的盒子里边的字。于是，马上从辽宁省把他接到北京，由政府隐藏起来。现在专门给叶剑英和周恩来夫人邓颖超看病。”

他们说，在烧西服之后，下一个节目就是在纸上写字揉成纸团，然后将其放在加盖的瓶子里猜字。我向位于大厦17层的公司打电话，问有没有带盖的瓶子，回答说是没有。于是，我让公司的人从我的桌子抽屉里拿一个药瓶过来，把盖子拧紧后，放在我和张宝胜之中间。张告诉我用中文写字后，就离开会场去了洗手间。我在纸上写了“超能力”三个字，并揉成纸团，看见的人只有O教授。

特异功能者很快就回来了，然后用指尖碰碰纸球，过了一会儿，用双手，主要是用大拇指来擦药瓶的底部。我们坐在圆桌旁边凝视着。他一言不发，突然，他将药瓶在桌子上敲了起来，声音之大令大家吃了一惊。这时，纸团已经塞到药瓶当中了。大伙都不可思议地瞪圆了眼睛望向他。之后，他用中国话小声地说出了“超能力”三个字。

在此之前，我从来不相信所谓的特异功能，不过，在我眼前看到的这些让人震撼。难道真有用科学不能解释的事物吗？

他还说，能够用意念弄坏屋顶的电灯，或将某种东西送入对方腹内，不过，没有说怎么取出来。

我也想让他给我做点什么，留个纪念。但手表太新，领带他又说不行，因此，我也让他尝试手烧西服，还拜托他最好只烧西服的衬里。把西服放在椅背上之后，他站起来后很快将手指放到西服里面，没过几秒，白烟就冒起来了，烟越来越旺，在一点点变黑。O教授着急了，连忙用鞋子在地板上把火踩灭了。虽然防止了烧及西服的面料，但衬里已经烧得露出几个手指型的圆孔。

散去的时候，张宝胜向我伸出手来，我瞬间有所踌躇，也伸出右手和他握在一起。感觉他的手非常柔软和温暖。张的名片上有“航天医学工程研究所”的字样，说是因为有能听到很远地方的声音的能力，正在研究能否运用于军事。

晚上，回到公司宿舍后，我就把西服收拾起来留作纪念了。但是，不知怎么总是睡不好觉，总觉得气功师正在从远处发功，好像西服又会烧起来似的。幸好到第二天，西服还是老样挂在原处。

后来见中国干部的时候，我提起过这个特异功能者，大家都知道他。过了几个月，在招待国宾的钓鱼台国宾馆招待会上也看到了他的演出。据当时听到的话，随着年龄增加，气就发不出来了，所以特异功能只能在年轻的时候才有。不知道现在他是怎么样了。

在日本也听说过，如在火灾现场老婆婆突然爆发出力量把很重的箱子扛起来了，或者是把汤勺弄弯的事情。在中国也经常听说，气功师给发气病人，不用麻醉就能做手术等等。我自己也练气功，有过或感到手上有轻微的麻痹感，或感到手脚发热的经历；同时也有随着气功师“哈——”的发气，身体随之摇摇欲坠的情况。

这样的“气”在物理学上是怎样的，特异功能又是怎样的？当时的中国想对此进行科学的分析。生物本来就有生物电，关于气，有各种各样的说法，如低波频的远红外线、电磁波、电场等等。但是，我一点儿也闹不清楚，不知现在是否已经搞清楚。

佐伯祐三的赝品

由于工作关系，我经常有机会去哈尔滨，其间，三井物产哈尔滨事务所所长将一位画家、古董收藏家王先生介绍给我。我本来就喜欢有历史的东西。驻美期间，像什么南北战争时南军的生锈的刺刀、北军的军号之类，杂七杂八的东西买了不少。在美国，只要是50年以上的物品就能摆进古董店里。在台湾，虽然也能找到很多清代的装饰品之类的好东西，但像壶或者佛像之类的东西却很少能够见到。在北京，一提起古董，虽然琉璃厂也有几家古董店，但并没有太了不起的东西。既是真品又允许带到国外的古董，必须经过政府的确认手续，在内部或器物底部看不到的地方涂上朱漆，盖上印章。不过，据说当时花2500日元（人民币200元）就能盖这样一个印章，所以也没有太多想买的意愿。

一天，吃过晚饭后，已经是夜深了，还是到王先生家中叨扰了一番。似乎是王先生在二战结束后兵荒马乱情况下得到了日本关东军司令部或者伪满洲国的遗物，诸如天皇赠予梅津大使的笔盒、佐伯祐三的画等等，有很多日本的古董。

那时候，他在北京也有办公室，经常拿来点古董给我鉴赏。像笔盒或是“有田烧”的漂亮陶罐之类，我觉得他开价便宜就买下了。虽然我觉得便宜，但对方可能是以更便宜的价钱购买的，好像把我当成了一个好主顾。

有一天，王先生带来了佐伯祐三的二号大小的作品。画并不是画在画布上，而是在一块胶合板上绘制的一座很像富士山的山峰，确实用色很有层次，十分漂亮。然后，他开价说：“现在，佐伯的画，一号大小最低也要500万日元，这张1200万怎么样?”我刚一说“哪有那么贵的，便宜一点吧”，他就把价格降到了400万日元。听了王先生作为画家的讲解，我心有所动。然而，即使这是真品，我也没有400万元这样的巨款。以我当时的工资水平，要买这幅画，少一位数，40万日元也是到了上限。于是，那天只让我拍了一张照片，王先生就拿着画离去了。

过了一年，我已经调到香港，但心里还一直惦念着那幅画。我也恶补了一些有关佐伯祐三的知识，得知佐伯先生确实在胶合板上创作了不少画。那幅画的背面用片假名写有“ZUKOKURURA祐三”的标记，片假名好像是山的名字，可能是位于北海道桦太一带，而并不是富士山。因此，佐伯到底去那里旅行过没有就成了判断这幅画真伪的标准。由于我有机会去北京出差，事先给王先生打了个电话，想再亲眼看一看那幅画，然后根据当场的感觉决定买不买。

而当再看到那幅画之后，还是十分想买。我一边说，“佐伯的赝品很多，如果没有真品的证据，400万日元肯定是拿不出来的”，一边将怀里的80万日元现金放到桌上。心想他也许见到现金就会让步吧。结果，王先生说：

“我知道了。虽然我确信这幅画是真迹，但80万也行，不过你以后如果卖出高价，必须要分给我获利的一半。”

我在交易中把现金摆在对方面前，是在台湾和大陆学到的华商式的商业技巧。因为中国人当中就连画家也是善于利用各种机会的骨子里的商人。

在京都的山城地区拥有私人瓷窑的著名陶艺家原太乐先生是我在古董和美术品方面的“顾问”。原先生对于中国瓷器非常在行，烧制宋朝风格的青瓷、白瓷的水平甚至超过了中国当代的陶艺家。至与树叶纹茶碗的烧制技巧，当今世界上只有原先生一人掌握，还有中国来的研修生随他学习。他还担任过北京故宫博物院的顾问。

画到手后，我马上拆掉画框寄给原先生，请他做出专业鉴定。他的鉴定结论是“赝品”。这幅画到去年为止一直作为装饰挂在那里，可我总有些不死心，又让熟识的三越美术部的石塚重新鉴定，结论同样是赝品。现在这幅画已收拾到家中的某个角落里去了。可能是出于不服输的心理吧，我自认为，对于收集的古董或美术品进行真伪鉴别时，总是感觉到惊险刺激，是古董收藏的一种另类乐趣。

画家不想卖画

接触到画家Y女士的山水画是在1989年的7月下旬。她1947年生于四川省，当时已是中国美术家协会会员，在新加坡等地举办过个人画展。在她带来的几幅画中，《山居》和《归牧》一下就把我吸引住了。《山居》画的是峭壁之上一座将倾的房屋，屋顶上还伸出了电视天线，是一幅淡雅稳重的作品，一问价格说是1500元。《归牧》画的是辽阔的草原上一位牧童和两头牛，无边无际的天空有两只鸟在飞翔，给人一种悠闲舒适的感觉，价格是3000元。

正想着就是人民币价钱也有点高，哪知一细问，才知道说的竟然是美元，让我更为吃惊。要知道，当时三井物产中国职员每月拿到手的收入只有150元。然后我问，要是这两张再加上另外一张，3张一共多少钱？她沉默了一会儿，却说了句“不想卖了”，还说《归牧》是连现在的她也画不出来的作品，因此不想卖了。

说想多买画，是犯了一个大错误。她把自己的作品当做自己的孩子一样，交到别人手上，会觉得心里空落落的。当我终于体会到这种真正的艺术家的心理时，已经太晚了。似乎她一张画也不想卖了。最后，我说要以她说的1500美元的价格购买《山居》，她很踌躇地勉强将画递给了我。这幅画现在还挂在我的卧室里。

就像前边说到的佐伯祐三的作品一样，我到香港后仍对《归牧》念念不忘。于是让妻子到北京Y女士的画室拜访，请求她把画让给我，回答是已经决定不卖了。没有办法，妻子只能请她为我们画一幅同样的画，然后返回香港。

半年过后，通知我说画已完成。是认认真真为我画的吗？我满怀期望地回到北京。虽然确实画得和《归牧》很像，然而却是像被抽去了灵魂一般，一幅没有激情和活力的作品。Y女士也说，原作《归牧》那样的作品，她自己也无法复制，所以价钱你随便出。最后，我还是放下1500美元把《归牧》的摹品拿回来了。这幅画现在和佐伯祐三的赝品一样被塞在角落里。

没过多久，根据国家的指定，原作《归牧》被中国美术馆收藏。

第五章
与中国人的交往

高尔夫球场上的缘分

在北京工作期间，我有幸结识了各式各样的中国人。然而，当时中国的政治氛围显然对私下自由交往设有一种无形的限制。每当约中国人到公司宿舍的时候，往往都是结伴而来，可能在那个时代单独造访难免有日后被质疑等这样那样嫌疑的顾虑。尽管如此，我还是不满足于仅仅跟他们在外面吃吃饭之类的交往，而是竭尽全力走进他们的内心世界。

1986 年我赴任到中国的时候，除外交官以外，供外国人居住的公寓只有友谊宾馆等寥寥几处。受房间数目限制，不光是日本人，所有派驻中国的外国人基本都住在宾馆、饭店里，由公司租用给支店长做宿舍的公寓更无从寻找。次年 1987 年，位于北京市内通往首都机场道路沿途的丽都饭店宅地内兴建起两栋高级公寓，开创了北京高级时尚公寓的先河。我当即将其租做公司宿舍，搬了进去。

现在回想起来，自那以后长期保持亲密来往的朋友们要么是来过我住处，要么是一起打过高尔夫球，几乎无一例外。

当然我也有机会见到中国政府的高层人物和各个部门的部长级官员。有时是在陪同三井物产首脑访华团、三井企业集团访华团、日本经济团体联合会访华团，有时是在出席大型贸易合同或大规模合资合同签字仪式，经常有机会见到总理或副总理，并且应中国方面邀请参加外资企业招待会时，我也常跟政府高级官员谋面。

我和某国家领导人的三女儿 D 女士也一起打过高尔夫球。那是初次和她及丈夫 G 先生上球道打比赛，G 先生是解放军干部子弟，夫妇俩曾经一道被派驻华盛顿。那天我们差不多都是用英语交谈的。我们一面接受在北京高尔夫球场任职的职业选手山田的指导，一面进行比赛。当时在北京，问津高尔夫球场的几乎都是日本人，为了不影响下一拨人的赛事，免受埋怨，我让这夫妇俩每个洞都彼此轮流着打。一轮结束后，在俱乐部大厅小憩的时候，D 女士告诉我说，“今天玩得实在是很开心”，看得出他们这天过得十分愉快。紧接着我便接到出席周末在人民大会堂地下干部餐厅宴会的邀请，然而无奈那天有事，只得婉言谢绝。几年之后，当我在香港皇家俱乐部跟 G 先生不期而遇时，他的球技已经达到一位数差点的水平了。

每当提起高尔夫球，我便自然而然地会想到长期任中国国际信托投资公司（CITIC）总经理的 W 先生。这家公司最初是在邓小平先生关心之下由荣毅仁先生创建的。荣先生身材高大，配上一身英国制的西服，既合体又有绅士风度。他有着“红色资本家”的称誉，后来还担任过国家副主席。他出身于江苏省无锡市纺织工业资本家世家，曾跟我提到二次大战前访问三井物产上海办事处时，对初次看到的如今被称为扶梯的东西留下深刻印象。

曾就任中信公司第二任总经理，后又担任过副董事长的徐昭隆先生也令人景仰。他温厚朴实，沉默寡言，很有绅士风度。

跟W先生一起打高尔夫球是在北京高尔夫球场开张的1987年。当时，他的职衔还是副总经理，自此我们结下了不解之缘。作为国家领导人的儿子，W先生是名副其实的太子党，但言语不多却成竹在胸的大将风度却着实令人心悦诚服：这才是名副其实的成年中国人的做派。他剪着一个军人式的平头，一身西服领带似乎令他颇为不自在，显然对衣着打扮漫不经心，不习惯这身考究的行头。

W先生身材魁梧，臂膀粗壮，挥杆时总是使尽全身力气，以致球往往偏离轨道飞出去。于是，我便建议他使用厚重刚硬的球杆，然而回答却是，“没事儿，反正这个球杆也是别人送的”，根本不理会球的飞向，继续悠然自得地享受这种游戏。但每打一次都自成一派，对挥杆姿势进行一番调整，结果还真是越打越棒。

就这样，转眼到了秋天。因为北京高尔夫球场冬季关门，我们一起打球时便约好下次到南方城市深圳继续打。那是次年2月春节时分，自10月份约定，已经过了4个月，其间双方都没就此跟对方做过任何确认。尽管我对约定是否能兑现有点担心，但W先生在约定的日期、约定的时间出现在深圳的高尔夫球场。我当即感到，他是一位值得信赖的人。

1989年那场风波过后不久，干部们都纷纷脱掉西服改穿立领的中山服，打高尔夫球当然更是大忌。在这样的政治气氛里，W先生却似乎不以为然，一如既往频频造访高尔夫球练习场。

而且，还发生了这样一件事情：当时我正协同日本一个仪器制造厂家向客户推销产品，W先生设宴招待我们。宴席上，中方负责人大谈日本的仪器如何昂贵，跟意大利产品的价格如何相差悬殊，企图压低我们的价格。W 先生一声不吭地从头听到尾，笑呵呵地蹦出一句话："意大利生产的仪器不是动不动就出故障，不动弹了吗？"中方负责人登时脸色煞白，闭嘴不语。中方负责人的上级在供货方人员在场的情况下一般是不会在谈判当中讲这种话的。

W 先生的业余爱好，除了高尔夫球就是开汽车，尤其偏爱飙车。据他自己说，每逢车上了通往顺义高尔夫球场的直线道路，就总是不由自主地开足马力，风驰电掣般地疾驰。他还笑着告诉我有一天被警察逮着了。

没看到过 W 先生情绪激动过，无论怎样的场合、怎样的对象，他总能一成不变地保持一种镇定自若的态度。对下属从不大发脾气，也不会流露出任何不愉快的神情，而是理智而不动声色地一语言中。

我曾经听过"所谓大人就是长着一副大耳朵，抿着一张小嘴，眼睛注视着远方"这样一句谚语。其寓意大概就是说一个成年人应该学会悉心倾听别人的言谈，要三缄其口，出言要有的放矢，同时要高瞻远瞩。这句话简直就像是从 W 先生这样的人身上总结出来的一般。

W 先生退休已有 15 年了吧，他长期担任 CEO，工作异常繁忙，但只要我登门拜访，他必定腾出时间接待我，还总是跟在场的人介绍说"这位是我的高尔夫球老师"。5 年前，当我通过三井物产驻中国总代表（后担任副社长、现任顾问）副岛利宏先生贸然请求跟 W 先生会面时，刚从国外出差回来的他，在等待核准批示的人排成长龙的情况下，依然抽空接待了我。

此后，高尔夫球似乎在中国人当中也逐渐流行起来。记得是从 1987 年下半年起，我们开始跟对外经济贸易部（现商务部）进行高尔夫交流赛。郑拓彬部长、后离京出任四川省省长的张皓若先生、王品清副部长等要人都曾出场。待一场球过后，沐浴完毕，大家手把啤酒畅所欲言，无疑加深了彼此的了解和友谊。

也因为这层交往，1989年秋天，当三井物产把驻京办事处迁到国贸大厦时，郑部长还亲自赶来参加开张仪式，以示祝贺。过后知情者评价此事说："以一国大臣之权高位重，来出席一家外资企业事务所的开张仪式，恐怕是空前绝后之举啊！"

长期交往的人们

现已退休的对外经济贸易部副部长沈觉人先生曾经给过我很大帮助。他在日本的政界和财界都交游甚广，曾经到过我住的公司宿舍，后来赴香港担任华润集团公司董事长，其间又有幸密切交往。他博学多识，擅长抓住事物的本质看问题，更难得的是极其重感情。几年前见到他时，他正担任着中国投资发展促进会副会长和中日友好21世纪委员会委员的职务，直到现在都在商务部里拥有办公席位，老骥伏枥，志在千里，真可谓英雄不减当年。

商务部的郭莉也是我的老相识，目前担任中央人民政府驻香港联络办公室副主任。去年，我们在相隔近10年之后终于在香港再次会聚。见面时，我发现她发型变了，梳着一个向后挽起的发髻。郭莉自谦改发型是因为自己已人到中年，然而在我眼里，她那高高束起的发髻恰如其分地体现出一种恬静优雅、善解人意的女人味来。郭莉生长在哈尔滨，本来个头儿就高，在香港就更是鹤立鸡群。每次到香港都为我们跑前跑后的司机说她是："身材高挑，搞得我不得不仰视，外表看似争强好胜，实际上更像一位苗条精干的高级知识分子，有大学教授的气质。"

在我派驻北京事务所期间，她担任着对外经济贸易部亚洲局日本处副处长的职务，1990年代后半期，曾以公使身份被派遣到中国驻日本大使馆。其间，我还请她作为嘉宾参加我女儿的婚礼。

我深知郭莉其实是位比她通常给人的印象更具有人情味且和蔼可亲的人。她童年正赶上“文化大革命”那段动荡的岁月，常坦承是童年时代经历的艰难困苦造就了自己坚毅的性格。她曾微笑着对我说：“我的人生观就是专心享受现在，不去考虑未来。只求对眼前的事情竭尽全力，既简单又昭然。”这跟我母亲的人生观如出一辙。

提到让我受益匪浅的学者当数凌星光先生。刚认识时，凌先生正供职于中国社会科学院世界经济与政治研究所，担任着发达国家综合研究室主任，我们的交往至今已经有20多年了。当年，我在北京期间一直定期跟他会晤，一边品尝日本料理，一边向他请教中国经济形势以及政府的政策方针。退休后，凌先生移居日本，在福井县立大学等高校任教，工作到2003年。他一直通过电视、杂志等媒体不遗余力地为改善中日关系而努力。

有关应对当前经济衰退的措施的话题暂且搁置一边，目前中国隐含的问题不外乎节能、环境保护和维持社会稳定这三大课题。凌先生为此设立了日中关系研究所，频繁往返于东京—北京之间，不断向中国方面提出种种建议，在日本这边，又参加华人教授会议，作为核心成员之一发挥着作用。

凌先生的父母都出生于浙江省，父亲早年到日本经商，母亲一直侨居日本到现在。凌先生的父亲一直希望儿子日后能从商，但他却对经商没有丝毫兴趣，立志做一名马克思主义经济学家。1989年那场风波期间，凌先生每天都到天安门广场上去说服学生们回学校，极力主张此次学生运动的目的已经达到，并直接听取学生们的意见，将之转达给上层领导，并提出自己的建议。凌先生虽然是一名学者，但有着坚定的信念和一腔热忱，不满足于理论上的论述，而认为若理论不能服务于社会实践，则毫无用处。

1989 年，在凌先生的处女作《中国经济的起飞》一书出版准备阶段，三井物产北京事务所给予了一些支持，至今凌先生都对此感激不尽。当时传真机在中国基本还没有普及，凌先生跟 SIMUL 出版社进行联系时用的都是三井物产事务所的传真机。

从福井县立大学教授退下来之后，凌先生将活动地点转移到了东京，我们见面的机会多了起来。他经常购买大量书籍，有段时间，我曾自掏腰包每年赞助一笔小小的费用。令人惊讶的是，几年前设立日中关系研究所时，竟然在财务报表“借入项”下列着这笔款的总金额，并注有“此款为某人个人捐款”的说明。凌先生对这笔款分文未动，可见其甘于清贫和认真诚实的品格。

国务院世界经济发展中心的李建国先生是我在离京赴香港任职之前在北京日本工商会议所主办的聚会上认识的，记得那次李先生是应邀做有关中国改革开放政策的演讲。他曾经在野村综合研究所待过一段时间，日语相当棒，头脑清晰，且学识渊博。他不仅对宏观政策，而且还对各项行业的实际情况分别做过深入研究，无论提什么问题都能对答如流，而且人名只要听一遍，就连姓氏带名字记得一清二楚。他的超人的记忆力令我惊叹不已。

后来李先生被派到深圳，我们又经常有机会在香港和东京见面，还经常一起打高尔夫球。李先生退休后，一度担任三井物产的顾问及香港的企业集团咨询顾问，于去年返京。今年年初，在久违之后我得到和李先生在北京共进晚餐的机会，席上就该如何应对百年不遇的经济危机聆听了李先生的高知卓见。李先生论述问题时一向热情激昂，话一说到兴头上，就变成了机关枪似的中文，让我应接不暇。

提起深圳，就不能不谈到陈育斌女士。我们最初相识是在1989年。当时，我跟公司上海事务所所长国持重明先生一起到无锡市访问，陈女士正担任无锡市对外经济贸易委员会主任。我们一起探讨了如何加强无锡市与三井物产的合作关系，之后无锡市与上海事务所之间开始定期召开碰头会。

陈女士是清华大学毕业的高材生，她不无怀旧地向我们提起她在冶金工业部工作期间曾经访问过三井物产公司日本总部。陈女士是因为父亲患病才回无锡的，如果一直待在冶金部，以她的能力，恐怕最终会升到高层领导职位，而且她为人诚实，性情温和，品格高尚。

记得那是初次见面之后，过了几年，我正在香港工作，突然接到陈女士的联系，告诉我说她调到了深圳，我当即赶往深圳。虽说当时的深圳还没像现在这样高楼大厦鳞次栉比，行人川流不息，但我们在约定地点附近撞个正着，却依然是令人惊奇的。那份久别重逢的喜悦令我们不禁在路上来了一个热烈拥抱，不知过往行人是如何看待这稀奇的一幕的。

陈女士递来的名片上写着“深圳市商贸实业公司副总经理，东北大学工商管理学院教授”。深圳市商贸实业公司是家贸易公司，之前也曾通过三井物产购买过钢材等产品，非常恪守信用，即使行情回落，也从未出现过拿不到进口许可证、或延误开银行信用证（LC）或在三井物产回收货款时出问题等现象。

有一次，陈女士来日本，我们曾经一起到箱根去旅行，还请她来过我在横滨的家里。每次见到她都是一副健康而快乐的样子，从没听她说过消极的话。陈女士现在已返回无锡，在深圳拥有的私人公司也一直业绩良好。她的儿子成为一名建筑师，在杭州大显身手。

优秀的当地职员

要想确切地描述驻中国期间的体验，就不能光谈一些名人，还要谈及当地雇员。我所接触过的优秀的当地雇员不计其数，不知有多少次被他们竭尽全力为公司发展兢兢业业工作的表现所感动。只是在当时，外国公司还不能直接雇用中国本地员工，只能雇用国家安全部系统北京市安全局管辖的人才派遣公司（FESCO）派遣来的人员，后来又允许我们采用直接对本人进行面试，选中后再通过 FESCO 雇用的方法。

因此，派遣雇员实际上是 FESCO 公司的雇员。他们每个周末都必须向 FESCO 提交报告，好像有时周末还需要参加进修。在当时，外资公司无一不感到自己的一举一动都在当局监视、控制之下，FESCO 里似乎就有几人是毕业于解放军信息学校。为躲避监视，不少日资公司便都打消了妄念，无可奈何地抱定了以日本籍雇员为主力的经营方针。

然而我当时的想法却是，这样疑神疑鬼终归解决不了问题，就算公司信息都一五一十地上报给 FESCO，也不必计较，现在企业的经营透明度经常受到质疑，让 FESCO 知情，其实就等同于提高了三井物产的经营透明度。贸易公司本来就跟政治无关，既然公司有为中国经济发展做贡献这一宗旨，就干脆贯彻执行到底。即便是派遣雇员，也只有信任他们了，如果我们不首先信任他们，他们又如何能信任我们呢？

在我的观念里，将本国人与当地人区别对待，把当地雇员当成佣人似地使唤是不合适的。将当地雇员称为当地职工，只叫他们做一些辅助性的工作是非常可惜的。当然，也有本人适合且希望做辅助性工作的员工，但我还是坚持认为，必须不断提高有能力和有上进心的当地雇员的水平，给他们权限，并分派责任，否则，就无法培养出人才，公司也无法在未来发展成全球性的企业公司。

一般的日本公司在海外大多采用以日本籍雇员为主力的经营方针，重要事项都在被称为“邦人会议”的会上由清一色的日本人探讨、研究，当地雇员只扮演坐等上面指示的角色，极少被提拔为公司上层领导。周末也是日本人结伙去打高尔夫球，这样的行事方法显然不能吸引优秀人才进日本公司就职，讷于融入当地社会的日本公司的姿态无疑终将导致日本蒙受损失。

与此相比，欧美跨国公司就跟他们在日本的做法一样，从本国派往海外分公司的人员至多就是一、两名头头，其他职位都是高薪聘用当地精英发挥才干。真正的全球性企业其实是通过全球分支机构的本地化来实现的，即必须在全球范围推行本地化，更何况以雇用薪酬高昂的日本籍职工为主是难以产生利润的。

二战以前，三井物产曾有一个准职员制度，内容是，在海外雇用的职员工作一段时间后可以参加考试，考试合格便可获得派驻海外的资格。我在香港工作时，曾见到一位原三井物产的准职员。他本是台湾人，在三井物产台北支店工作期间晋升为准职员，后来被调到香港，二战结束后就一直稽留在三井物产香港办事处工作。他对自己的准职员身份相当自豪。在派驻北京期间，我还见过一位山东省粮油食品进出口公司的干部，从前曾经是三井物产准职员。

有些观点认为，当地雇员反正在公司待不长，再怎么培训都白搭，最终都会辞职。的确，在中国，不少人都向往摆脱受雇身份，自己开公司，最近日本的年轻人也不例外，恐怕很难指望他们终生在一家公司工作。而且，外资公司的高级主管只要有其他企业出更高的薪酬来猎头，摇身就能变成竞争对手的 CEO。但是，我想提醒的是，一个无论怎样努力都爬不到高层领导职位公司里的人，又如何能竭尽全力为公司效劳呢？再怎么说至少应该让有能力的当地职工有希望晋升到当地法人副总的职位吧？

三得利公司策划进军上海时，我曾多少帮了他们些忙，曾两次访问他们在上海的工厂。众所周知，他们生产的啤酒打入中国市场后就获得巨大成功。我分析，这里面有两个因素，一个是他们跟其他外资企业不同，选择了上海这块地方，并采用了以大众品牌为主的生产销售战略；另一个因素就是任命了两名在公司日本总部工作过10年、对该公司企业文化已经了如指掌的中国人做副总经理，他们的经营手腕发挥了巨大作用。

在派驻北京期间，我将三井物产在华机构的方针定为：为中国存在的巨大潜力和即将到来的经济活动自由化的时代做好准备，“面向未来，不断加强和扩大经营地盘”。具体实现该目标的立足点之一，就是将当地职员培养成一支生力军。作为一家不拥有硬件的贸易公司，扩大经营地盘无非是靠扩大人员力量，除此别无途径。商社的盛衰实际上取决于人，只要拥有具备实力且充满人格魅力的员工，客户和生意就会自然而然找上门来。

当时的情况是，本国籍雇员人数有限，薪酬开支不菲。日本雇员不仅工资高，而且还需要支付43%的个人所得税。中国雇员则跟现在不同，薪酬低廉得多，本国雇员和中国雇员的实际工资（日本雇员包括由公司负担的住宅费和所得税费）之比为27比1，削减一名本国雇员就可以雇27名中国人。我倒不光是从薪酬开支这个角度看问题，而是想，雇用中国职员可以让他们学习日语和日本文化，再通过到日本进修经受锻炼，完全有望成为优秀的人才。

于是，我立即动员人事部门制定了赴日进修制度，内容是让外国雇员在日本总公司接受半年到 2 年时间的进修。在该制度正式启动之前，由人事部内田部长做英明决断，第一期共 6 个进修名额，全部都分派给了在华事务所。就这样，我当初到中国上任时只有约 50 名当地雇员，到 1990 年已经增至 170 名，在此期间，日本雇员人数则没怎么增加。

在我赴中国做总代表时，每个处、室的日本籍经理也都各自在下工夫对本地雇员进行教育，努力激发他们的干劲。然而，作为一个公司我觉得这还不够，必须制定出明确的思路，比如当时公司开会必召集清一色的日本籍员工，对于当地员工只下达公司的方针，并未开通征集他们意见的渠道，并且公司职工名册上只刊登日本籍雇员的名字。我深感是到了该对这种情况动手术的时候了。

我首先安排了跟本地雇员定期召开的会议，另外，不管是日本雇员还是本地雇员，生日那天都邀请到我公司寓所开生日庆祝会，1988 年还编撰了第一版包括中国本地职工在内的中国境内所有办事处的职工名簿。因为中国本土文化十分重视一个人的头衔，我便将职衔名称普遍升了级，并增加了带职衔的职位。将各个科、室的经理升级成“总经理”，副经理升级成“副总经理”，并进一步增设了业务经理、业务副经理等职衔。中国职员因为年纪都很轻，且工作资历浅，因而最高职位只做到业务经理，当然年纪轻的日本员工也同样做业务经理。

我们不仅让中国本地员工到日本进修，而且还派他们到其他国家去。机械室的李淳就被派到过瑞典和英国进修。因为我们在北欧接手了山特维克集团公司 Tamrock 品牌（SANDVIK TAMROCK OY）建筑机械和富豪集团（AB Volvo）的代理店，所以选中瑞典让小李去进修。派往纽约进行长期进修的则有纤维部门的才女马竞谊小姐。

同时，我们也从其他国家调员工到北京来工作，这在后面还会详细介绍。从美国叫来的有在迈阿密支店工作，毕业于哈佛大学的高材生格里菲斯（Griffith）先生，凭三寸不烂之舌从台湾叫来的有我赴台北任职时的同事，已加入美国籍的黄真一先生。

让我颇伤脑筋的是如何在日本雇员里，尤其是经理阶层当中贯彻落实公司的方针。中国雇员不仅素质高，而且自尊心也很强，日本雇员的特点是做事十分细致，以至于经常会对达到目标过程中如何走捷径和优化办事步骤之类的琐碎问题一一过问，并下达指令。对此，我的想法是，应该抛开那些细枝末节的问题而集中向下属传达明确的目标，另外，如果有禁忌事项，也要交代清楚，剩下的就应该放手让部下去完成，这样，经营成绩反而会提高。所谓的经理，其实就是通过指挥他人来提高业绩，我觉得最理想的莫过于将自己的想法原原本本地如同灵魂附体一样移植给部下。

令人庆幸的是经过一番改革，中国本土雇员都逐渐忘却了自己的派遣职工身份，明显能让人感觉到他们对公司开始产生了眷恋的情感，有时过了下班时间到公司里转一下，便会经常碰到不少中国雇员在日本雇员因宴会或接待客户已经下班的情况下，还在用日语或英语跟日本总公司进行着激烈争论，力争使正在跟客户洽谈当中的生意成交。周末也有不少中国雇员主动陪日本客人去观光和购物，甚至还有不少中国雇员事先被一些日本老客户点名指定在华期间负责陪同接待他们。

下面扼要介绍一下至今仍有来往的中国本土雇员：

许小薇女士是从我在北京任职期间就在公司，至今仍未离开的为数不多的职员之一。当时，她负责化学产品的交易，在日本职员为出席宴会早就下班的情况下还不断四处打电话联系客户的身影至今仍印在我脑海里。她已经结婚，并有个女儿，她一直在日本总公司人事部工作，现在则在北京，晋升为负责业务方面、人事方面的部长代理，发挥着重要作用。

许女士是我前面提到的本土雇员进修制度的第一期进修生。这个制度被简称为JTP制度，听说一直延续至今，不断召集世界各地派驻机构的当地员工来研修。因为公司目前正在推行以英语作为公司内部标准语言的方针，因而进修日程安排最初的一周一般用来加强英语培训。

许女士天生是块经商的材料，有一段时间她还担任公司驻中国总代表的秘书。虽然知道这是总代表本人提出的请求，但我曾经问过她为什么从营业岗位转到秘书岗位。结果她回答说："这是我早就想尝试的工作，而且进入1990年代以后，80年代不存在的客户向卖家要回扣的现象愈演愈烈，实在让人忍无可忍。"看来，离开营业岗位是因为她觉察到只考虑自己利益的人在与日俱增。

不过，这个情况自前年起有所好转。比如名为"国学"，面向青少年的私塾在北京悄然风行起来，有些地方还开始教授《三字经》。的确听人说，最近一段时期《论语》、《三国志》等中国古典著作的注释评论书籍相继出版，在各大书店非常走俏。

许女士的日语愈来愈精湛，对日本文化的造诣也在日渐加深，是我非常看好的一个能长期为公司贡献才干，或能成为中日两国之间桥梁的人才之一。

三井物产的同窗

两年前，我与3位老同事久别重逢于北京，他们分别是机械室的李淳先生和金辉先生，外加物资室的郗建民先生。

李先生当年是本土雇员里的领袖人物，既能干人品又好，富有正义感且血气方刚。

1989 年夏天那场风波发生时全体日本雇员撤离回国后，他是我们委托本土雇员照看当地业务的总负责人。本来我当年派他到三井物产欧洲支部去接受为期 1 年的进修，以便将来能提拔为管理层骨干。可是，他已经离开公司，独立经营着一家信息软件公司，成为一名在郊区拥有豪宅，生活优渥，不断进取的企业家。

同属机械室的金先生现在供职于泰国名门财阀 CP 集团公司，正以中国国内电力、天然气、煤炭、基础设施建设行业公司合并与收购业务负责人的身份活跃在第一线。每当出差到青海省等比较偏远的地方时，他就会用电邮发照片给我，摄影水平俨然是专业摄影家级别。据金先生讲，CP 集团公司虽然是从食品起家的公司，但如今已经实现了经营多元化，在中国开展着农业产品加工、机械、能源等多种业务，并且均获得巨大成功，两年前对中国投资累计金额已经达到 50 亿美元。

他在辞掉三井物产的职务以后，首先被路透社高薪迎聘，后来又受聘于芬兰能源企业 Fortum 公司，担任该公司中国区域最高负责人，然后又转到 Peak Pacific 能源投资公司，曾负责 3 亿美元的对华投资项目，起到举足轻重的作用。

他操着一口近乎完美的英语，亲昵地称三井物产为“公司（The Company)”，赞誉它是“伟大的商业大学”，认为对于自己这样年轻的大学毕业生来说，在三井物产无疑接受到很好的基础训练，为未来个人职业生涯的拓展提供了宝贵经验。他并补充告诉说，从三井物产出来的人都有同感，彼此都以“三井物产同窗”相称。

在物资室工作过的郗先生本来负责跟三井物产合资而获得成功的四通公司相关业务，后来被借调到香港。郗先生是位沉默寡言而生性耿直、吃苦耐劳型的男子汉，再次见到他时，他的名片头衔已经换成“爱立信中国副总经理”。当时从经营打字机起步的四通公司逐步把业务扩大到通信设备领域，估计郗先生在这方面的经验为爱立信看中而被猎头。郗先生说起话来虽然显得有些木讷，但却是一个有坚定信念的人。

负责纤维业务的马竞谊女士曾经以国家公费留学生身份在横滨国立大学读硕士，到拿到学位为止，在日本呆了6年，是位头脑聪敏的才女。回国后本来预定分配到中国财政部工作，但她不大情愿到国家部门任职，正在犹豫不决之时，我便紧锣密鼓地花了几个月时间从旁劝谏，终于说动她来三井物产工作。她不仅业务上能干，而且待人处事也细致周到，颇受日本纤维行业客户的欢迎和信赖。

考虑到以她的能力日后可以提拔到管理层，便派她到美国三井物产纽约支店进修，没想到这却是一着败举，不久她便嫁给了我也认识的文书部门的美国白人同事。按照三井物产内部规定，职工之间结婚必须有一方辞职，我暗自希冀男方辞职，然而到底希望落空了。马女士立即被伊藤忠商社设在纽约的纤维公司挖走了。作为我们公司来说，按道理应该考虑到职员之间结婚的风险，对于派马女士赴美进修的人事安排宁可三思而后行，作出更高明的决断。

我在北京工作期间的秘书是张磊女士。她毕业于北京大学，是位聪颖善良、身材高挑的才女，当初公司雇她时就是考虑让她接任由日本总公司派来但即将回国的日本籍女秘书的职位。

一天，我跟妻子在北京西郊的宾馆里撞见她正跟一位男子约会，对方是位日本人。后来她跟这位男士结了婚，在日本过着幸福的生活。她丈夫是 Kleentek 公司第二代总经理村上秦之先生。该公司是一家向新日铁等公司供应油净化机设备的生产厂家。据说是他父亲嘱咐他说未来将是中国的时代，必须学好中文。张女士在北京大学读3年级的时候留级1年，到日本留学，认识了这位后来的先生。

直到去年为止，张女士都跟我一样住在横滨，有时是夫妇俩到我们家做客，有时是大家一起到外面吃饭。我问张女士之所以下决心跟日本人结婚是为什么，她说："是因为他几次从日本赶来看我，而且 1989 年夏天那场风波期间一直滞留在北京，没有回日本。这打动了我的心，父母也都很感动。"她父亲是跟日本军队作过战的解放军老干部，因为是军队干部家庭出身，她从小就没为衣食和生活用品发过愁，过的是应有尽有的生活。

张女士婚后在日本生活了 18 年，已经俨然成了日本人，至今仍在三井物产工作。她说每次回中国都感觉越来越不习惯，反而回日本才觉得轻松自在。问她最近回中国的感想，得到的回答是："最近的中国人大多心里只想着钱，实在不能恭维，而内涵则显得浅薄。"

张女士的父亲似乎也经常来日本，我问她父亲对日本印象如何，张女士说他父亲讲："比如日本的人行横道，只要信号灯是红色，即便没有车过来，大家也都在耐心地等待绿灯。这种有法守法的精神和道德伦理观念在中国人当中还行不通。"

张女士据说本来是想学英语专业的，但是当时学校有权分配录取生学习的外语语种，因此未能如愿。她大学 3 年级时，到日本留籍留学，据说在北大是首例。

2008 年秋天，我在相隔多年之后在上海又见到了湖川先生。他在上海长大，已经加入了日本国籍，在改成日本名字时，因为父亲是四川人，于是用了四川的"川"字起了"湖川"作为姓氏。他在北京大学攻读日本文学专业后，就职于中国人民对外友好协会属下的中日友好协会，曾有机会为赵紫阳总理做翻译。湖川先生一直向往做一名外交官，但当他得知在友好协会工作至多只能晋升到一等秘书职位的时候，便毅然在工作满 2 年的时候辞职。

之后经FESCO这家国营人才派遣公司介绍，湖川先生本来已经说好要进入一家日本贸易公司工作，不想就在此时遇到我们三井物产间所总务室长（同时负责人事招聘）。事情的经过是这样的：

间所室长当时要接待的FESCO干部迟到了约15分钟，作为翻译，提前赶到的湖川先生便跟间所先生有了直接交谈的机会，结果是这15分钟改变了他的人生。间所室长很会看人，好像当即判断这个人是我们公司需要的人才，于是便打听决定雇他的那家日本贸易公司出多少薪酬，当得知是“每月1200元，其中本人领到手的工资是其中十分之一”后，立刻向FESCO开出1500元的薪酬价码，总算推翻了FESCO原来的人事决定。

他进入北京事务所工作了2年半左右时间便自费到东京都立大学留学，后来顺理成章地进入三井物产在东京的总公司就职。现在，他在上海自己开了一家公司，部分业务好像依然是三井物产委托的。

他目前住在离上海虹桥机场约20分钟车程的优雅的住宅小区，自称属于中产阶级偏上。然而，仔细看看他的日常生活，其阔绰程度可见一斑：他的家坐落在693平米的宅地当中，是一座潇洒的西洋式建筑，向庭院伸展出来的宽阔的阳台尤为醒目。这一带似乎以外国籍居民居多。他夫人也在三井物产工作，本来在天津事务所，因为这层缘分结为连理。他跟8岁的长子、4岁的长女、妻子的母亲一家5口住在这里。

我去上海他家的时候正赶上星期六，儿子上私塾不在家。湖川先生住在上海市区的母亲特地赶来见我，做了黄花鱼、自包饺子等许多精心烹制的菜肴热情款待，我也欣然接受了这番美意。本来中国人就不像日本人那样拘谨和恪于形式，很少怯场，无论对什么人都不会过分恭谦客气，而是平等相待无半点矫饰。在这点上，应该说中国人更接近美国人。中国人擅长安排和享受生活，即使遇到艰难困苦也不会如临大敌，而能安然处之。

中国人对子女教育倾注的热情也非同寻常。湖川先生让长子上私立小学，每年学费要花8万元人民币（按1元兑换14日元计算，约为112万日元），星期六的安排是，早上先上1节日语课（50元），然后是钢琴课，1小时130元，下午再去英语私塾学两个半小时的英语（1年1万元）。尽管小学的英语课也是由外国人教授，但湖川先生嫌一个班20名学生太多，所以让儿子同时到私塾学习。二战后，日本也有不少家庭让孩子学习钢琴，现在中国也出现类似的现象，每年的钢琴生产台数都稳居世界第一。

最昂贵的学费据说是他4岁女儿上幼儿园的费用，每月8000元（1年135万日元）。

北京的“外国人部队”

关于黄真一先生，我在前面已经提到过。我调到北京后不久，曾经偶然在三井物产日本总部碰到过他。台湾在1972年被赶出联合国，北京政府取而代之，成为中国代表。因为这个缘故，黄先生考虑到孩子们的未来，在几年之后辞掉了在三井物产的工作，举家移居美国，并取得美国国籍。他的任劳任怨没有白费，3个孩子后来都毕业于美国的名牌大学。

我当然没放过这个机会，马上邀请他到北京来。当年在台北支店工作期间，无论工作上还是生活上，他都给过我巨大帮助，不仅对台湾的表象和内情了如指掌，而且对日本历史造诣也颇深，能不看歌词唱好几十首日本歌曲，也是宴席上备受欢迎的人物。他熟知三井物产、熟知日本、熟知美国，并且将中国视为自己遥远的祖国，语言上更是能熟练驾驭日语、英语、普通话、台湾话（闽南话）。我认定，这些无疑都能使他在三井物产发展中国业务上发挥作用。

而正如我当初预料的，他的加入为北京事务所增加了实力，不仅在拓展贸易上，而且在充当公司跟年轻的中国雇员之间的沟通桥梁、实施员工内部教育等方面也起到重大作用。他先转到三井物产总公司食品部门工作，后来担任过东洋水产台湾子公司总经理、全国畜产品公司（从事畜产品的进出口贸易）驻中国总代表等职务，为日本的公司服务了近40年，现在为几家台湾企业做顾问。

我问过他，觉得自己是日本人，是美国人，还是台湾人？他说，对此类提问，他一向以“我是 Taiwanese American”作答。尽管他到海外旅游时用的是美国护照，名字叫做 James Huuang，但他骨子里却是一个无限热爱台湾的充满血性的人。

话题转一下，我的幺妹现住迈阿密，在经营一所名为伊林瓜的连锁语言学校（分布在佛罗里达、委内瑞拉等地）之余，开着一家日本料理店。1986 年，从她那里传来消息，说有一位常客毕业于哈佛大学，在当地三井物产工作，能熟练驾驭日语和中文，对中国非常感兴趣。

因为我正好到纽约开会，回国途中便绕道迈阿密专门去会这位常客。出现在我视野里的是一位典型的热情开朗的美国人，不仅头脑清晰，而且人品也十分高尚。美国每年都从各个州挑选 2 名品学兼优的高中生到白宫，他说曾代表俄亥俄州赴白宫，而且高中时代还曾在生物化学领域得过奖，他就是美国人格里菲斯先生。

格里菲斯先生很早就对中国和日本感兴趣，而从哈佛毕业以后选择三井物产这样一个日本公司就业则完全出自其对中国、美国、日本三国之间关系的好奇。他认定当时闭关自守的中国必将在不远的将来闯入世界，而引导中国企业参与全球化进程的则必定是日本企业，那么中国和日本合伙实现全球化便再理想不过了。

我当时就想，如果能把格里菲斯先生调到北京事务所来工作，必定能活跃气氛，并进一步激发中国本土员工的上进心，而且，最主要的是能让北京事务所与美国及美国企业联系起来，从而创造携手拓展业务的可能性。

在对海外直接聘用的当地雇员进行国际性调动的制度还不完备的情况之下，尽管在调动手续上费了不少周折，但最终按照日本雇员待遇标准将这项工作落实下来。格里菲斯先生正式赶赴北京就任是 1986 年秋天，不用说，他很快就适应了北京的生活，而且，可能他在驻京美国人当中也属于精英阶层吧，没过多久，便成为美国人俱乐部的理事，交际范围一举得到扩展。由于他的到来，我们开始获取到从前无法得到的信息和崭新思路，而且由美国企业提议与我们公司在兴建住宅计划、生物化学、油脂原料、育种等事业上进行合作的策划也纷至沓来。虽然格里菲斯先生在中国的那段时间正赶上国有企业转制的步伐大幅度加快，然而令人惋惜的是，比他梦想当中的中国企业走向全球化的时代还是早了 15 年。

他和中国女性结了婚，在中国待了大约 2 年时间以后，返回美国，进入斯坦福大学，拿了 MBA 学位之后，重返三井物产，在纽约及硅谷工作了 10 年左右。之后，脱离三井物产独立开创事业，为企业及联合国教科文组织等公共机构提供咨询服务，又培育创业公司等，业务范围十分广泛，还成功地设立了两家投资基金公司。

不过，格里菲斯先生似乎把在美国能尝试的工作都做遍了，事业开始有点走到瓶颈的感觉。于是，我从旁提了些建议：中国目前正经历着世界文明史上空前的巨大变化，你不妨置身于其中，亲身做个体验。不知是否我说的话起到了作用，在三井物产驻中国总代表副岛先生把格里菲斯先生叫回北京工作一段时间以后，他直到最近都在统领包括中国在内的亚洲本部（在新加坡），发挥着才干。

几年前在北京见到格里菲斯先生时，我问他："跟上次驻京时隔约20年，你认为中国在哪些方面发生了最为明显的变化?"他回答说，最明显的变化有三个方面：一是在执政上开始倾听民众的意见，不再无动于衷；第二个方面是中国开始对外开放，领导阶层已经在从外部寻找盟友（Allies）来共同摸索解决问题的办法（Solution）；第三是中国人失去了他们传统的美德 Innocence（纯朴、厚道、道德高尚）。

格里菲斯夫人对中国如今的道德习俗深感格格不入，便独自返回加利福尼亚的家。据说孩子们也没能适应在北京的生活。

第六章
向著名华侨学习

调至香港

我在北京工作的时间长达4年之久。到了1990年，我再次接到调动到香港的命令。由于自1976以后我只在日本居住过短短的1年时间，所以心里一直期盼调回日本的公司总部。然而，这个调命发自对我关怀备至的中村稔副总经理，因而只得从命。加上这次派驻香港的3年，我等于连续在国外生活了17年。要问到我喜欢的歌手，从Chiaki Naomi到椎名惠之间的时间段便成了空白。

因为当时香港已经定于1997年回归中国，所以我估计这次调动是日本总公司有意让我运用在中国大陆积累的经验，思考如何构筑一个在公司内部香港和中国大陆业务互动协调的体制。

香港是我派驻北京期间经常访问的地方。每次从各方受制约的北京飞抵香港的机场时，等待我的都是一个自由欢快温馨的别样天地。不仅是我，包括北京事务所的部下，我也尽量多为他们安排去香港的机会，因此便诞生了香港三井物产和北京事务所共同召开的科长级会议。冬天选择气候温暖的香港，夏天选择凉爽的北京，一边打高尔夫，一边交换信息，摸索新的贸易战略。香港曾是我歇脚放松的港湾。

这次奔赴新的岗位虽然精神高度紧张，但与以往到香港出差时一样，迎接我的仍是一派欢快温馨的景象。1990 年，香港经济已经开始起飞，作为亚洲的经济中心，同时作为中国决定继续推行“改革开放”路线的对外门口，整个城市一派生机盎然，呈现国际化大都市的面貌。

香港三井物产是名副其实的独立核算法人。当时，因为中国内地只允许外资设立事务所，纵使北京事务所麾下有 13 家内地店铺在开展业务，但充其量也不过是个事务所而已，运营经费完全依靠日本总公司汇款（非独立核算）。虽然名义上叫做驻中国总代表，但并未开展独立担负经营责任的业务。然而这次赴任香港则要全面担负起包括资产负债表在内的经营责任，说实在的，我没有多大信心。

本来，香港三井物产是战前旧三井物产公司创业 2 年后，于明治 11 年开设的历史悠久的老店铺，也是旧三井物公司产开的第 3 家海外分店，一直占据着公司的亚洲战略基地的重要位置。我成为二战后这家法人（过去称为支店）的第 11 任总经理，尽管我把在陌生的环境里指挥陌生的部下履行好经营责任看做是一个令人振奋的工作，但与到北京赴任时一样，初来乍到，还是决定少指手画脚而潜心埋头于学习。

三井物产一般在更迭支店长时，通常要邀请老客户召开盛大的交接宴会。做生意其实就靠人与人的关系，这类新、老店长交接宴会的目的，也就在于交接已往的人际关系。那天，我依照惯例，跟前任支店长鬼头万太郎夫妇并肩站在宴会入场口处，迎接了众多包括著名侨领在内的老客户。

香港是座不夜城，晚上不乏五花八门的宴会，有些人会照个面就走。在这点上，这里的习俗非常合情合理，会场一般都设有侧面出口，以便大家进入会场后“唉～您好！”、“唉～好久不见！”地彼此寒暄一下，就可以毫不尴尬地离开。有些人一周要出席好几场宴会，甚至时间不凑巧，还会重叠到一块。香港是块弹丸之地，无论出席哪里的宴会，都会碰到一群熟悉的面孔。这就使香港人自然而然的青睐于简便、随意的交际方式，加之宴会上的交谈常常能开启日后生意往来的机缘，因而谁也不愿错过这样碰面的机会，甚至有彼此一周不见就会生出一分生疏之感。

在香港的工作

我在香港的工作也非常充实。因为正值经济上升阶段，有幸参与开拓众多新的业务项目和事业。香港支店当初就考虑到，随着 1997 年香港回归中国，香港必将成为中国对外开放的门户和亚洲商业贸易的中心，把加强与香港财界人士（华侨、华人、欧美人士等）的关系作为最基本的方针，并奉行鼓励包括当地雇员在内的所有成员都参与经营的理念。尽管商社的体制是按商品类别划分成各自独立的纵向指挥系统，但所有成员都听从前辈们留下的“不能只盯着商品，而应和客户搞好关系”的口号行事，不仅打理好自己分内产品的生意，而且还纷纷带回其他产品的洽谈信息，交给相关部门。据此，我指导大家，在生意成交后，营业额要与给予过协作的部门商议，公平地进行分配。并且，我还在每个部门都安插了 1 名曾经在中国内地支店工作过的职员。这样，香港支店的营业额开始不断增长，刨去所谓的 SWITCH 生意（即为其他支店的生意融资的金融搭桥生意），2年时间营业额增加了五成。

在其中，与华侨相关的生意当然占了重要份额。我们在跟客户建立良好关系的出发点是，在客户遇到困难时全力以赴予以帮助，而只要这种关系一经确立，对方便无论是项目还是生意，都优先拿到我们这里做。我们在困难的时候也向他们伸手求援。于是，双方形成一种能协同作战的、真正意义上的贸易伙伴关系。

在这些伙伴当中，因为李嘉诚先生麾下的集团公司业务正在全球范围内扩展，所以，我们便重点加强与它的合作关系，展开了高层间的交流。我们与该集团公司的交易涉及机械、钢铁、食品、不动产等多个领域。两者的伙伴关系，通过船舶交易、对HIT（集装箱装卸港湾事业）的持股、对石油事业的资金合作等项目，进一步得到加强，同时还有从起重机等港湾设备到向零售业方面著名的屈臣氏集团（Watson's）香港有限公司供应食品及POS销售终端系统、向香港电灯有限公司提供煤炭卸料机、缆线及各种建筑用钢材等，应有尽有。进一步获取参与电话通信事业或李氏集团在中国国内开拓事业之机会的前景也十分美好。

此外，综合性合作伙伴还有香港熊谷建筑公司、总部在中国内地的华润公司、合和实业有限公司、中信泰富公司等。另外，以商品群类划分的部门还分别在自己负责的领域里与华侨加强了合作关系。比如，钢铁是和绍荣钢铁有限公司及智利钢铁有限公司，化学产品是和联侨及屏山企业有限公司，物资是与祥泰行有限公司及Tonsen公司，食品是与南顺香港有限公司及郭鹤年集团等进行合作的。

在我自己参加过的大型项目里，记忆最深的要数三井物产在连接香港和新机场的青马大桥建设招标项目上成功中标这件事情。当时，只有三井物产脱离日本的公司团组而与英国企业搭伙参加投标。该项目负责人本来是我们公司开发部门的辻井部长，因为新机场建设咨询委员会会长恰巧是我们公司化学产品老客户黄保欣先生，于是便在该项目负责人里加上了化学产品部门的部长。财务部门也打破与以往日本银行团的骨干金融机构——日本兴业银行和日本长期信用银行——亲密无间的友好关系，同他们唇枪舌剑地争得面红耳赤。就这样，全体员工齐心协力，投入到争取承揽这个具有象征性意义的工程的竞逐上。大型项目就是这样，除非公司所有组织细胞都动员起来抱定一致目标，否则是难以争取到的。令人高兴的是，这个项目最终以我们公司中标告捷，并且，在1997年落成典礼时，撒切尔首相也来出席了。

香港这个地方

派驻香港的这3年间，无论从居住环境、工作方式，还是从人际关系来讲，都是我职业生涯中最充实的一段日子。香港不仅面向中国和亚洲，而且面向全世界，集以物流、金融为中心的服务功能于一身，是块足以让各类公司据以为本部的地方。它本身仿佛就是一个综合贸易公司，除英国人以外，还云集着世界各国的人、企业和政府机关，每隔几分钟就有飞机起落的机场和廉价通信网等基础设施也一应俱全，使它与国际社会息息相通。

以前从北京出差到香港时，曾暗自思忖：这么狭小的地方恐怕住上一个月就会感到窒息了，然而住到那里一看，却发现这个小地方非常惬意。正是所有事物都集中在只有东京一半面积里的这种尺寸，才感觉到加大了人与人交往的密度，加快了信息的交流。

当地法人的总经理宿舍在位于香港岛山顶附近的高级公寓里。这里不仅离公司、老客户近，而且，撇开一流饭店、著名餐厅、赛马场、9

个洞的高尔夫球场、九龙一侧的高级夜总会不说，就连到酒吧、卡拉OK店，都是在15分钟车程以内。这个专用公寓就坐落在威廉·霍尔登主演电影《生死恋》拍摄时用的那座医院旁边，以前曾经是限定英国人居住的中级AltadenaHouse的6~7两层。从城里可以望到这座建筑，也许因为外观为红色，它有“红房子”的俗名，属于离著名的太平山顶（Victoria Peak）不远的高级住宅区。

这份宅产是前辈支店长在1970年代花25万美元买下的。当时，受内地文化大革命的影响，香港也不时发生暴动，治安并不能令人放心。那位支店长以发生万一时需要有个地方安置公司员工及其家属为由，不顾日本总公司的反对，硬是把这栋房产买了下来。现在它值多少钱？我1993年住在这里时，就有人出价14亿日元要我卖给他。

尽管房子买得很值，但毕竟内部装修已经过于陈旧，急需进行一番改造。我最初委托清水建设公司，然而，改装来改装去，总是达不到理想效果。而作为支店长，我深信最重要的工作莫过于为营业人员创造一个能提高业绩的良好环境。这就需要经常招待上流阶层的华侨首领以加强和扩展人际关系网络，因而我在公寓改造问题上倾注了非同寻常的精力。由于清水建设的设计改动总不能令人称心如愿，于是，我便干脆取消了合同，施工也全部撤销。

左思右想之后，我断然走访了在北京期间认识、一直有交往的著名华侨首领郭鹤年先生（后面会详述），征求了他的意见。因为我到香港就任不久，除了郭先生，还真找不出几位关系密切的华侨朋友。

郭先生马上就把他搞家庭摆设用品设计的女婿Paul Lee（英国人）先生介绍给我。别看这位女婿姓李，其实却是位地道的英国人，有一种讨人喜欢且聪敏机智的氛围。最初我还以为郭鹤年先生经营着香格里拉集团饭店，他女婿肯定是负责这些饭店内部装潢设计的，然而没想到他和饭店毫不沾边，主要接揽威斯汀酒店的工作。因此，我便请他来看了这个总经理公寓，交代了我的想法，其余就全部委托给他。不久，改装方案出来了，整个装潢体现出明亮、温暖、优雅、高贵的风格，正符合我的理想。

在这个公寓里，我当然招待过郭鹤年先生，还招待过现任长江实业副董事长李泽钜先生、当时任和记黄浦公司董事长的西蒙·默里（Simon Murray，英国人）先生、现任董事长霍建宁先生、华润公司的沈觉人董事长、合和实业有限公司的胡应湘董事长、恒隆集团主席陈启宗先生、中信泰富主席荣智健董事长、以古董收藏家身份驰名内外的 CNT 集团的徐展堂先生、台湾统一企业的高清源董事长以及其他众多老客户和他们的家人，当然也请过不少日本人。这处寓所不仅建筑本身富于魅力，而且香港那叹为观止的夜景也可从阳台上尽收眼底，为我们与各路名流联络感情立下汗马功劳。

我也因为这次派驻香港的工作经历而有幸结识了最成功的华侨李嘉诚先生及其他许多杰出人士，而且至今还有亲密往来。下面就想写写他们的事情。而一向令我感触颇深的是，华人身上所拥有的那份日本人所不具备的雍容大度。我坚持认为，他们身上有许多值得日本人学习的地方。

华侨经营家的代表——李嘉诚先生

李嘉诚先生 1928 年生于广东省潮州，父亲在一所小学当校长。他们一家在二次大战期间为逃避战乱来到香港。现在虽已 83 岁高龄，但他跟从前我派驻香港工作期间相比，那坚忍不拔的精神和充沛的体力却丝毫不减当年，头脑依然清晰，思维活跃而富于机变。

李嘉诚先生旗下的集团公司在1990年代迅速发展成一家跨国企业集团。该集团业务包括物业发展及投资、房地产代理及管理、港口及相关服务、电讯、酒店、零售、能源、基建、财务及投资、电子商贸、建材、媒体及生命科技等，形成了一个跨行业的企业集团。就拿房地产来说，据说香港每七个住宅物业就有一个为李嘉诚集团所有，不仅在中国，而且在新加坡、在温哥华、在伦敦等地，也参与房地产发展。它的集装箱码头业务占全球集装箱装卸量的13%。1980年代初期，它还进军加拿大的石油天然气事业，其后因原油价格飙升而事业一路顺风。零售业以欧洲和亚洲为主，共开设有8000家左右的连锁店铺（和黄截至2011年12月31日，已经有超过一万家零售商店）。集团各项业务遍布全球53个国家。尽管是一家由华人主持的企业，但它在世界各地的事业均有不同国籍的人协助管理，可谓多姿多彩，是名副其实的跨国企业集团。

李嘉诚先生是遍布世界各个角落的5000万华侨当中事业最为辉煌的华人经营者，是万人仰慕的对象。他在《财富》和《福布斯》排榜当中一直蝉联华人富豪魁首，也是在全球富人当中排名前十几位的巨富。我跟他交往有近20年了，每次见面，他都是精神矍铄，积极乐观，极为谦虚而又充满自信。

写李嘉诚先生的书已是数不胜数，不少学者都把他作为华人经营者的典范加以研究分析。而当你直接跟他接触时，会不难体会到一位谦虚而杰出、且极具感召力的领袖人物是什么样的人。李嘉诚先生仅自己一代便创建并培育出一个庞大的全球性企业，我觉得，这全凭他对一切人和事物都报以谦虚的态度、一贯戒除骄傲自大情绪、在关键时刻能把握时机、全力以赴的人品和灵活机敏、思路清晰的头脑。他总能走在时代的前面，对未来有着惊人的洞悉力，对于当前发生的金融危机造成的严峻事态也比任何人都清醒。

香港贸易发展局驻日本代表古田先生在其著作中有一段话评述："李嘉诚先生进行着道德经营。"这就是儒家所提倡的君子必须具备的美德，一个领袖人物所必备的一些品质。道德水准越高，就越能获得人们的信赖和拥戴，赢得人心，事业就会一帆风顺。

但是，李嘉诚先生的人生哲学应该是在历尽艰辛之后由自己摸索出来的。2008 年 6 月，李先生在由自己捐款于 30 年前设立的汕头大学毕业典礼上发表的演讲十分感人，可以说最充分地表达了他人生观的精髓。他以《自负指数》为题发表演说，勉励学生在"卓越"与"自负"之间取得平衡，坚守常思考、常反思的守则，并怀着奉献和关怀的心态处事。

他提到："我想和大家分享的诀窍是什么？我称它为'自负指数'，那是一套衡量检讨自我意识、态度和行为的简单心法。我常常问问自己，我有否过分骄傲和自大？我有否拒绝接纳逆耳的忠言？我有否不愿意承担自己言行所带来的后果？我有否缺乏预视问题、结果和解决办法的周详计划？我深信'谦虚的心是知识之源。'，是通往成长、启悟、责任和快乐之路。"

李先生拥有不断发展的事业之同时，仍不忘为社会做贡献，捐款的累计金额至今已达到 16 亿美元。

李先生靠不失时机地收购企业和不断开拓新领域扩大公司业绩。我觉得，其成功主要是身边吸引了一批优秀、忠实的部下，用人得当的结果。不过，在创业伊始，事业还未走上正轨的阶段，李先生都是靠自己对业务和商品进行钻研，即使不打头阵，也要亲自指挥，从早到晚满脑子里考虑的都是集团公司的生意，以及密切影响商场沉浮的时代动向和政治经济关系的变化。李先生心无旁骛、精力集中的能力实在令人钦佩。

在判断进行投资和回收资金的时机上，李嘉诚先生也屡屡显示出惊人的准确性。比如该集团公司进军第二代移动电话事业是在 1995 年，由于预见到随后到来的将是动画传递等功能和速度都发生飞跃性进步的第三代移动电话时代，因此，便立足于该预见开展业务。虽然开头的发展面对困难，但在欧洲市场起到了先锋引擎作用，使移动通信事业稳步走上轨道。

李嘉诚先生基本上并非以将来把企业转手卖掉为目的来着手开展一项事业或收购其他公司。除去资讯科技、电话通讯等技术更新换代快的领域，港口相关服务、电力、房地产、零售业等核心业务都是遵循长期拥有和经营的原则。这些事业没有生产周期，显得不那么显眼，但只要坚持不懈地满足顾客的需要，提供令人满意的服务，争取到的顾客就一般不会失去。用一句话来概括李先生的经营方式，那就是“不问津自己不擅长的领域”。

以前我与世界最大的谷物贸易公司嘉吉公司麦克米尔董事长一起用餐的时候曾经请教他：“对于经营来说，什么最重要？”他说：“在看到别的公司经营某项事业获取高额利润后，一个经营者明明知道它是与自己本行无关系的商务，但往往会抵制不住向它扩展、实行多元化经营的诱惑。作为一个经营者来说，最重要的是要对自己公司的能力和局限性有冷静、客观的认识。”

伟大的经营者就是这样，考虑任何问题都要对自己公司的局限性有清醒的认识。

现在，美国那些极具杀伤力的投资机构正迫于目前的局势而偃旗息鼓，但何时又会狰狞登场，谁都说不准。本来把企业作为交易对象本身不就是在瓦解资本主义吗？更何况他们拿着手头的资金去收购经营规模几倍于该数目的企业，在短期内倒卖赚取其间差额的做法是万万不能允许的，让这种作法得逞的制度本身肯定就有毛病。

和李嘉诚先生交往印象深刻的事情还有很多。1993 年我们一起打高尔夫时，我实现了一杆进洞的快举就是其中之一。自 1990 年以来，我每年都安排李嘉诚先生跟三井物产的最高领导人至少会晤一次，1992 年还请李先生到日本总公司跟董事长、总经理一起到箱根进行了一场高尔夫联谊赛。1993 年 1 月熊谷总经理和上岛专务董事来香港时，总经理与李嘉诚先生一组，上岛专务和我一组，举行了对抗赛。

那场比赛是在皇家香港高尔夫俱乐部的新球场举行的，每个洞都以两个人的最佳成绩为准来分组对抗，李先生一句话就定下我的差点为 0，李先生和上岛专务差点定为 13，熊谷总经理定为 19。差点尽管定得合情合理，但在 16 洞结束时打成平局，17 洞是 180 码的难度较大的短洞。我想，只要在这里能打出标准杆数大概就能赢，于是使出浑身解数挥出了杆，结果球像被旗子吸过去一样进了洞。球童跑过去往洞里看了看，然后一脸喜悦地跳跃起来，李先生也说，和人一起打高尔夫球，一杆进洞还是第一次看到，兴奋地跟我拥抱，以示祝贺。

结果这个洞大家都打出了标准杆数，如果没有我那一杆进洞恐怕还真没决出胜负来。我为祝贺一杆进洞跑到三越百货大楼买了一个旅行包送给李先生，不想李先生竟然回赠我一块瑞士制高级手表。到东京出差时，顺便到服部钟表店看了看价钱，结果标价竟然是惊人的高。那块手表至今都走时准确，成为我日常生活必不可少的伴侣。

李先生打高尔夫时挥杆很有特色，不像是跟教练学出来的，挥出的杆悬浮在空中而杆头则低低地从地面擦过。李先生很清楚，把球打进沙坑就不容易再弄出来了，所以无论如何都要让球避开沙坑，顺着十分狭窄的球道抵达果岭。这种对于球场全域的把握正体现了他的经营理念。顺带说一下，那天李先生的成绩是93。

罗伯特·郭（郭鹤年）

Kuok先生的中文名字叫做郭鹤年，1923年生于马来西亚柔佛州新山市。他先帮父亲工作了一段时间，1949年与叔伯堂兄创办了郭氏兄弟有限公司，和三井物产的密切关系，是在与日新制糖公司合资设立马来西亚榨糖公司之后建立起来的。有关郭鹤年先生这位杰出的华人企业家的情况，其实以前就常听公司主管食品的前辈、新加坡支店长矶边先生提到。他麾下的集团公司，除了经营生产蔗糖和棕榈油原料的农场，从事制糖、面粉制造、饲料生产、榨油、可口可乐等食品和食品原料事业以外，还涉足船运、贸易、金融、报业等多种行业，其中酒店业（香格里拉集团）闻名遐迩。该集团公司经营地盘覆盖了中国和新加坡、马来西亚、泰国、菲律宾、印度尼西亚等整个东南亚地域，在澳大利亚和美国等地，也拥有关联企业，最近在日本也开了香格里拉酒店。

我和郭先生认识是在做中国总代表的时候。当时，三井物产设在中信大楼17层的北京事务所已经感觉有些狭窄，而郭氏集团公司正准备投资10亿美元与中国对外经济贸易部合资兴建集饭店、展览馆、公寓功能为一体的大型综合建筑。我经请示日本总公司批准，和他们签订了将事务所搬到该建筑的租赁合同。不仅在房租优惠上，为讨吉利，我方提出希望租用比原办公室所在楼层的17层要高1倍，即在34和35层各租一半面积，我们公司楼上和楼下不得租给日本的贸易公司等，这些特殊要求也都得到应允。可能是因为我们是签约入住这座大型写字楼的第一家日本公司，郭鹤年先生竟然亲自跑到北京来向我们表示感谢。一身合体的西服衬托出郭先生消瘦而结实的身材，显得十分精干。郭鹤年先生后来无论在工作上，还是个人生活上，都给予我多方的关照。

郭先生见到我时，却总把“受关照的其实是我”这句话挂在嘴边。为设晚宴招待三井物产历代新加坡支店长，郭先生经常会用两天一宿时间在新加坡、东京之间往返一趟。有一次，郭先生刚刚返回新加坡就接到我转达的矶边先生去世的消息，迫于繁务在身，无法出席葬礼，但先生依然派遣代理人送上了一笔超出一般金额2位数的高额吊唁慰问金。

郭鹤年先生今年虽已87岁高龄，但坐镇商场的气魄丝毫未减，很多方面都值得人钦佩，其中善于收集信息和对时代敏锐的洞察力更是普通人望尘莫及的。信息收集是华人经营方式的第一个要素，信息要靠人际关系来网罗，而人格魅力也是获取信息的重要因素。我在派驻香港期间，总是千方百计找理由去郭先生那里讨教，每次都能得到一些启迪满载而归，变得踌躇满志。就仿佛我脑子里积淀下来的知识、信息每次都在郭先生那里得到刷新和升级一般。

他不但有大局观念，而且对具体动向也很敏锐。比如1997年香港回归前夕，新机场建设是最大项目，而且是具有象征意义的大型项目，然而北京政府却迟迟不予批准。在大家翘首观望的时候，一天早上，我为其他事情登门拜访郭先生，从先生那里得到的信息是，凭他的感觉，估计再有两三天，北京就会批准了。我马上返回公司向负责钢铁等基建材料的部长们转达了这个消息，并说到“不要问我这个情报是从哪里搞来的，也不要向其他人泄露，我认为，这个情报是准确的，两三天之内，项目就会批下来”。钢铁部门当即就按公司允许的库存囤积最大限度买下了钢材。

还有一件事情，我们曾经购买已故中国国家副主席，曾担任中国国际投资信托公司（CITIC）董事长的荣毅仁先生的儿子荣智健先生创建的中信泰富有限公司的股份。关于荣智健先生，后面还会提到。他在1970年代后半叶移居香港，先是在一般公司做职员，后来在香港创立了中信泰富有限公司。当时，荣先生的中国大陆出身已经被淡忘，已被公认为香港华侨财界人士，活跃在商场上，因而荣智健先生的名字其实也是拉里·荣（Larry Yung）最为人所熟知。他热衷于欣赏古典音乐，而且高尔夫球技艺也十分精湛。

一个周日，我跟荣先生在皇家香港高尔夫俱乐部的新球场打轮回，在开局打到第2洞时，荣先生突然问我："要不要股票?"，因为当时跟荣先生还不太熟悉，又加上这类事情按公司规定需要上级批准，所以只给了他一个含糊不清的回答。本来应该刨根问底地了解个清楚，答复也宁可暂且保留，才是明智的做法，看来当时我还没习惯这样重大的问题会有人在享受休闲时光的高尔夫球场拿出来议论。这场高尔夫球结束后，当天就那样分手了。回家后，我整整考虑了一个晚上，突然意识到这是一个认真的重大商业提议，第二天周一上班后，马上在支店内部进行了研究，然后和日本总公司取得联系，周二就给荣先生打了电话。结果，荣先生回复说："周日提到此事时您没表示感兴趣，所以已经转让给别处，没有剩余的了。"香港就是这样企业高层人士之间可以在轻松悠闲的谈话当中一步步把重大商业项目落到实处的。

荣智健先生在香港做生意，李嘉诚先生、郭鹤年先生、郑裕彤先生等香港华人巨亨都争先鼎力支持，总之，荣先生已经完全打入他们这个圈子。大家都纷纷认购中信泰富有限公司为增加资本发行的股票，想到本来我们也有机会加入到这个圈子里时，我已经心急如焚，一路小跑赶到了郭鹤年先生那里。

听我说明整个经过后，郭先生立刻打电话给荣智健先生，建议他把一部分股票转让给三井物产公司，荣先生答复已经没有多余的股票了。郭先生撂下电话沉思片刻后，说出了一句令我们感激不尽的话："我认购了20%的股份，其中2%转让给你们。"我立刻对郭先生当场表示出的善意致谢，并进一步确认："我们非常愿意接受您的好意，只是您也知道此事需要经三井物产日本总公司批准，万一被否决了，请您就当没这回事情，可以吗？我会尽快向上级申请批准。"郭先生答道："当然，就这么定了。"

我马上出差回东京，因为日本总公司没有做这类业务的部门，所以以100%香港三井物产的名义向上面提交了申请，记得过了大约不到10天就获得批准了。三井物产对于权限的规定是相当严格的，凡超过店长权限的事情都要请示日本总公司。如果交易商品已经明确的话，先由本部商品部门进行研究探讨，并在当地机构（法人或支店）参与投资时，决定总公司和当地的出资比率，有时当地所占比率低于总公司，也要承担全部责任。总公司研究当地机构的请示报告，理所当然地要花费时间。

至于这个案件，中信泰富有限公司同时是汽车进出口公司、食品及日常用品进出口公司、物流公司、国泰航空公司及港龙航空公司的大股东，拥有他们的股份等于进行一项优化组合的金融投资，而我们总公司没有对口的部门来审议研究，这倒帮了我们的忙，竟然在这样短的时间内获得批准。三井物产经营风险管理方面的规定都是靠一百多年社会实践摸索、总结出来的智慧结晶，尽管十分严格，但在紧要关头对特殊案例会迅速加以研究，能否获得批准完全在于议案申请者的热忱和热忱背后强有力的事实依据。

此后，中信泰富有限公司的股票价格一路飙升，现在价值已经几倍于当初认购的价格。日本总公司的干部每次来香港都为此事向郭鹤年先生道谢，但郭先生都不予理睬，连“不必客气”之类的话都没有。记得大约是7年前的事情，相隔多时在向岛的高级日本料理店跟郭先生两个人单独一起用餐的时候，我再次提及此事，郭先生仍旧是不动声色，一言不发。这样的场景在日本是比较少见的，换了美国人也会说句“Don’t mention it”之类的话，包括我自己在内，日本人最起码会面带微笑地说“没什么”。郭鹤年先生就是这样的人。

不过，郭先生虽然乍看上去十分和蔼可亲，然而只要事情关系到自己集团公司的经营，据说是相当严厉的。我在办公室见到郭先生的长子和二儿子时，正逢郭先生不在场，两兄弟于是显得非常放松，还开玩笑说我们兄弟都不愿意在靠近父亲办公室的地方安排自己的办公室。

郭鹤年先生还是一位亚洲中心主义者，对东南亚地区当然下了很大工夫，而对中国大陆，也很早就抱有积极的态度。现在几乎每个大城市都有香格里拉饭店，但美国市场却迟迟未去开拓，直到最近才以风险小的经营管理合同方式开始在美国展开香格里拉饭店的经营。

2009年5月，我在相隔1年之后又在香港获得与郭先生见面的机会。当时，郭氏兄弟集团公司成员之一的食品公司巨头丰益国际公司在中国国内大规模经营大豆榨油、油脂提炼、面粉制造、碾米加工等事业，我当顾问的佐竹公司与丰益公司所属的5个碾米厂成功签订了碾米机销售合同，我便想顺便对此事表示一下感谢，登门拜访了郭鹤年先生。见到时郭先生精神矍铄，言谈话语里流露出对事业和中国的热情似乎比从前还要高。我们的话题一直扯到日本在亚洲的作用问题上，郭先生非常热切地谈他的看法：“日本的重要性从未下降过，今后将是亚洲的时代，而届时起引领作用的国家不会是一个，而将会是日本、中国和印度三个国家。”

丰益国际公司董事长是郭鹤年先生的侄子郭孔丰先生，平时住在集团公司总部所在地新加坡，因为当时郭孔丰先生正好来到香港，郭先生便让我“一定要见一见”。周末我正在房间里休息的时候，接到郭先生亲自打来的电话，说是要请我到在银座也有分店的著名中国料理店“福临门”去用餐。席间，还有已经在郭氏兄弟集团公司工作的郭先生的两位孙子，跟郭先生一家人共进这顿午餐，真是温馨愉快。

跟郭先生的孙子谈的话题之一就是中国人最近的海外留学热。郭先生的两个孙子一个毕业于康奈尔大学，一个毕业于斯坦福大学，他所在的斯坦福大学工学系某个部门里当时一共有 18 名亚洲学生，其中中国人只有 2 名，而现在这个数字已经增加到 18 名。据他说，就拿工学系来讲，如果光凭考试成绩决定录取与否的话，录取的学生恐怕会成为清一色的中国人。英国、美国的著名大学都有众多优秀的中国学生报考，入校后也如饥似渴地学习，上进心非常强。

就在这样时而聆听郭鹤年先生谈话的过程中，我对华人经商的特征做了多方思考。这些会在其他章节中加以介绍。

徐展堂与古董

北海集团（CNT Group Limited.）的掌舵人徐展堂先生是中国全国政协常务委员，在工作之余还忙于中国文物鉴赏收藏和慈善事业，在曾设在中国俱乐部的香港徐展堂艺术馆就展示着大约 3000 件中国文物。上海美术馆也设有展示徐先生捐赠文物的展览室，芝加哥美术馆、台北的故宫博物院以及其他几座博物馆里也展示有徐先生捐赠的珍贵文物。

我和徐先生认识也是通过中国文物。在我担任香港三井物产总经理的期间，曾任港英政府政务官的香港三井物产顾问廖先生对徐先生介绍说，有个日本人对中国文物很有研究。当时，我住宿的总经理公寓里摆设着一具唐代女俑（是出土的陶制人俑陪葬品）做点缀，徐先生来看这具陶俑，这便成了我们认识的机缘。

那具陶俑是我赴香港就任总经理后不久从乐古道的草雅堂好说歹说才买下来的珍贵文物。那是 1991 年初，正赶上第一次海湾战争爆发，不少国家都对国民发出海外旅行限制令，到香港旅游观光的外国游客几乎为零。当然古董艺术品买卖也十分萧条，价格大跌。那时，我每个周末都有一天用来在乐古道游逛。乱七八糟摆着些没什么价值的商品的店铺，富丽堂皇得有些夸张的店铺，闲雅别致朴素平实的店铺……，最初看似相同的古董店在逛了一段时间以后便看出些门道来了。到后来又弄明白了有品位的古董店其实不会把最珍贵的商品摆在店里。草雅堂就是其中之一。我到店里去过几次，店主大概也对我做了一番掂量，有一天便把我带到里间去了。真正的古董商似乎一般对商品有着特殊的感情，会为它们挑选合自己意、人品好的买主来收藏，而且会一直关注卖出去的文物的下落。

草雅堂的店主姓王，是台湾人。而真正对古董内行的是一位叫奥尼尔的美国人，他本来是到香港教英文的，结果为古董艺术品的魅力所倾倒而发生浓厚兴趣，最后干脆就以此做了本行。别看这位美国人温和、开朗，讨人喜欢，卖古董的手腕可是十分乖觉高超，介绍时能把商品的长处强调到极致，让你觉得非这件东西不可称自己的意。他一边叮嘱我千万不要告诉徐展堂先生，一边拿出几件珍品来给我看。他似乎不大喜欢徐先生，原因是只要他看中某件古董，便会千方百计不达目的不罢休地买到手。

奥尼尔先生的老顾客都是欧美国家的美术馆或欧洲及日本的有钱人，刚才提到的女陶俑是他 1 月份拿给我看的，女俑十分迷人，尤其脸上浮现出的不可名状的文雅柔美的微笑令人难忘。我当即打听价钱，然而奥尼尔先生只敷衍说价格不菲，迟迟不肯进入具体交涉。原来这个女陶俑已经有一位富有的日本女顾客在考虑购买，不过要等3个月才出结论。

于是，我马上给前面提到过的京都的陶瓷艺术家原太乐先生打了个电话，原先生一直是我到香港后收集古董的高参，他建议我请奥尼尔先生吃饭，说不建立起私人交情恐怕不会卖给我。我立即请奥尼尔先生在香港赛马俱乐部（赛马俱乐部是香港奢侈豪华的顶级标志）的餐厅吃了一顿牛排，努力和他建立友谊，不过，席间我对陶俑的事情是只字未提。

一周之后，再次拜访奥尼尔时，他的态度就和上次截然不同了。其实，不光是中国人办事情最好先交朋友。奥尼尔问我假如买了这件古董打算放在哪里，是否要带回日本——明明陶俑只是件商品，可对于奥尼尔来说似乎就像嫁亲孙女一样。想想近1000万日元的价钱对于个人收藏来说可望而不可即，而社长公寓里正缺一件真正的古董来点缀，便不假思索地告诉他打算摆在香港三井物产的社长公寓里，奥尼尔这才点了点头。虽然估计陶俑不会是赝品，但我们在签约时还是要求店方附上由香港大学出具的文物年代鉴定书。

一切都办妥了，然而陶俑却姗姗来迟，当时卖方也没做解释，后来才知道，奥尼尔为陶俑做了一个复制品，至今都在他的办公室内的一角。

话题再回到徐展堂先生身上。徐先生当年赤手空拳到香港闯荡，成就一世的财富和声名，并且还是一位和中国政府关系也相当密切的人物。当时，除经营一家香港城区巴士公司外，徐先生还拥有中国涂料公司以及向哈尔滨啤酒厂投资，忙得不可开交。

为重现1930年代上海风貌而创建会员制的“中国俱乐部”的，就是这位徐展堂先生。“中国俱乐部”设在原中国银行大楼的13层。在1970年代以后香港开始到处兴建高楼大厦之前，这座大楼曾经是香港岛最引人注目、最具代表性的建筑。这家俱乐部从天花板上的吊扇到台式桌子上放置的小型电风扇，用的无一不是1930年代在上海实际使用过的物件。14层设有包厢和酒吧，15层则是图书馆，跟香港有关的书籍密密层层地占据了所有空间，走廊尽头连着阳台，香港的夜景可尽收眼底。

因为接了入会邀请，三井物产成为第一个入会的日本会员，得到特例优惠——交1个人的入会费享受2名会员待遇。俱乐部的餐厅倒没有拘泥于上海料理，中国各地的名菜按季节轮番登场。粥也做得十分鲜美，为各式早餐宴会增色不少。这家俱乐部至今都办得红红火火，会员早就封了顶。如今，在北京也设了一个“中国俱乐部”，徐先生至今仍担任着俱乐部会长一职。

1993年的一天，为了生意上的事情，我和这位大名鼎鼎的徐先生头一次取得了联系。当时，新日铁公司正计划在中国广东省建设一个镀锌铁皮工厂，在找中方合资者时，考虑到徐先生与中央政府关系密切，三井物产总部钢铁部门便向我打探能否请他当合资人。关于此事，伊藤忠商事也在参与，本来是由他们来安排双方会晤的，没想到迟迟定不下来。既然如此，我们就当仁不让了。我马上给徐先生那里打了电话，定下了会晤时间。与华人打交道就是要以先建立朋友关系为前提。

1993年我接到调动到东京的命令，连日里到处参加告别会，每天日程都排得满满的。其中，最令我难忘的是徐展堂先生在自己住处为我开的欢送会。徐先生当时刚刚举家搬到一所孤零零建在差不多位于太平山顶正下方的悬崖边上的宅第里，去之前曾猜想大概是专门布置一个房间用来宴请，采用自助餐形式，反正规模不会盛大。然而当我跟妻子驾车逐渐驶近徐先生家时，开始感觉情形有些异样——轿车队伍是浩浩荡荡。

抵达后，首先被请到一间摆满超一流古董艺术品的房间，在主桌就位。宴席一共摆了8桌，是能容纳七、八十人的大型宴会。安排在主桌座就座的，有折田总领事夫妇、廖先生夫妇、三井物产有田副总经理等日本来宾和徐展堂先生夫妇。看到中国最大的企业华润公司的沈董事长被安排在第三桌，我未免有些惶恐地挨着徐先生落了座。

宴会开始了。徐先生首先站起来向大家宣布这次宴会的目的是为我饯别，这让我吃了一惊，然后，在徐先生的敦促声中站起身来现编了一篇类似："简直是给了我一个惊喜，就算是日本的皇太子恐怕也不会受到如此豪华的礼遇了吧"的话以为应酬。之后，还作为饯别礼物，我接受了一个刀柄上镶有玉石的裁纸刀。我的情绪也高昂起来，在一片哄抬声中还用中文唱了一首歌。

宴会结束后，我被请到2楼去鉴赏堆了满满一屋的古董艺术品，一面墙翻转过去，又从里面现出了另一个房间，也同样陈列着价值连城的饰物、钟表和古董艺术品。

2008年初，我和徐先生久违之后又见了面。几年前，我们曾在"中国俱乐部"外面偶然碰见过一次，一直想有个机会坐下来好好谈谈，这次总算如愿了，说好赴先生之邀去喝港式下午茶。徐先生比以前体态胖了些，面色红润光泽，充满了活力。我问先生的血糖值和其他与健康有关的体检数值，先生回答我说："健康方面问题不少，但整天担心这顾虑那的也不是个办法，我觉得，人生还是能享受的时候就享受一下最好。"

除上面提到的，我在香港任职期间曾多方受华人经营者的关照，比如香港熊谷组公司的于镜波先生、绍荣钢铁的庞先生一家、屏山企业的陈先生、合和实业有限公司的胡应湘先生、联侨企业的黄保欣先生、恒隆集团有限公司的陈启宗先生、南顺香港有限公司的张泰山先生、香港其士集团的张先生、信和置业有限公司的黄志祥先生、东亚银行的李宝国先生，还有现在都经常在和记黄浦关系企业董事会上见面的蓝鸿震先生。

蓝鸿震先生曾担任香港政府驻日本总代表，任职期间做了不少工作，我也曾应邀去过他在东京的府上几次，和原日本首相海部先生见面，并请他出席 1997 年香港回归中国纪念论坛做讲演的事情也是在蓝先生的府上召开的晚宴上定下来的。我还请他到我家里来过，有缘结下深交。蓝先生回港后，又担任过政务官，现在在李嘉诚先生麾下的集团公司里担任董事，并同时兼任着三井物产公司顾问，是位博学多识经验丰富的高级知识分子。

第七章

中国商务成功的钥匙
——学习华人经营术

华人的企业经营

经常有人问我："日本企业要在和中国的经济贸易往来上取得成功有什么秘诀?"我的回答之一就是，学习华人企业家的经营手法。我们不是华人，当然中国人也不会把我们当同胞看待，然而，分析华人企业家高超的商业贸易经营手腕就能顺藤摸瓜地总结出成功的原因和失败的教训。

那么，华人到底是个什么概念呢?过去曾经指从中国本土移居到海外，尤其是集中分布在东南亚地区的中国人和他们的子孙。二次大战后，取得当地国籍的人多了起来，最近，华人这个称呼变得十分常见。华人的祖籍主要在广东省的珠江三角洲、潮州汕头地区（潮州话）、福建省的厦门地区（闽南话）和福州地区（福州话），另外还有客家（从中原地区移居到中国南部，讲客家话的人群）出身的。

华人在全球经济当中崭露头角是在二次大战以后，基本可以定在1960年代以后。他们在台湾、香港、泰国、马来西亚、新加坡、印度尼西亚等地，以白手起家做生意为起点，逐渐发展壮大成为今天的大型企业。如今华人企业正处在第一代创业者向第二代交接事业的阶段，第二代华人企业家基本都到欧美留过学，思维上具备国际眼光，英语水平精湛的人也不少。

外界对华人经营的公司曾经难以把握其全貌，三井物产自1990年代起为提供公司内部使用，开始细致入微地收集积累各类信息编撰成内容浩瀚的《华侨资料》，下工夫之大可从几度修订上略见一斑。现在上市公司多了起来，比从前在信息透明度上提高了不少。

对于华人，我们通常会有由血缘和地缘关系联带起来的网络十分紧密的印象，不仅有同乡会、同宗会之类的组织，便是经济界也有中华总商会、世界华商大会等统领组织。近年来，由于各式各样的企业集团逐渐形成，与从前相比，以地缘、行业关系联结的纽带似乎松弛了一些。

我觉得，华人的经营手法有以下几个特征，颇值得日本的商社和跨国企业学习。

第一，企业的所有权和治理权都掌握在同一个宗族手里，而且，权力最后都集中到一人手上，对于重要事项，最高领导者会事无巨细了如指掌。

华人企业的创建者一般只要还健在，即便退出第一线也会以长老身份掌握实权，而华人经营的最大优势就在于经营者一直在位，各部门负责人变动也不多。这样就能保持经营的一贯性和连续性。知识、经验以及与老客户的关系因此得到长时间的稳定积累，经营方针的一贯性得到维护，华人企业家捕捉商机的灵感正是在这样的土壤里培养出来的。

日本的大公司出于培养综合型精英人才以及使用新的方法搞活企业

的考虑，往往频繁地更迭上层领导。在这种情况下，如何将熟悉商品和业务，或熟悉世界某特定地区业务的专门型人才与综合型人才有机结合起来便成了企业经常要面对的课题。商社的主要业务也正从以交易和组织者的作用为中心向实际开展事业转移，组织结构和人事制度如何相应做调整也是个问题。

华人经营的第二个特点就是集中经营自己擅长的项目。他们对自己的局限性有清醒的认识，在事业发展壮大过程中时刻把事业核心的定位考虑在内。

华人企业家一般擅长经营的领域有不动产、基建、流通、零售、通信、金融等，这些行业的共同特点是，只要服务周到，一般就不会失去已掌握的顾客。他们一般不大涉足需要技术革新或具有生产周期、风险大的行业。在台湾，电脑、半导体等 IT 产业十分兴隆，跟日本一样，加工产业也十分发达。在马来西亚和印尼，则以棕榈油等资源的初级加工产业为主。

第三个特点是华人企业家对经营的态度。他们一般认为，做任何事情都只能靠自己，除非自己能随心所欲地行事，否则就不去做，也就是说，对于掌握不了经营决策权的事业，就不会去问津。

华人企业家还时刻注意经营效率，高层管理队伍奉行少而精的原则，组织结构十分简练。这有利于迅速做出决策。而且，因为 1 亿日元的事业跟 500 亿日元的事业相比，在花费经营者的时间和总部经费上不相上下，所以除非事业具备一定规模，一般不会出手。

第四个特点是奉行人际关系第一的原则。前面我也写过一些事例说明，一切都在于人际关系。这里面人品就相当重要，生意是不能跟无法信任的人去做的，事业合作伙伴也非信得过不可共事。尽管在扩大经营的过程中会收购其他企业，然而会慎重行事，反复掂量对方经营者的人品。因此，在同华人企业打交道时，能否让对方接受你为他的真正伙伴是最关键的问题。

华人企业的老板一般喜欢比较轻松的交谈和接触方式，在轻快随意的气氛里推进工作进程。如果你带着笔记去给他看，会被拒绝说不要给我看什么笔记，简明扼要地说明要点即可。他们似乎感觉，日本人的态度实在是太一板一眼，过于拘谨死板了。虽然做事严谨是需要的，但如果不能跟华人企业家结成非常轻松随意的关系，那就不能真正闯入对方的心扉。

上面谈了一些我对华人企业特点的看法，但华人企业其实在不少方面跟日本企业无异，比如已经发展成跨国公司的大企业，组织结构十分严谨，在制定经营方针和下决断时虽然是老板说了算，但议案都需要经过总部的审议，尤其负责法律的部门会对议案的细节层层把关。意向书（方针审议）核准是非常迅速的，但会不惜时间从多种角度对议案进行反复探讨，以及就财务尽可能详细地调查。

华人企业如今进入第二代当家的时代，如何平稳地实现新老交接便成为首要问题。比如香港有一个大型集团公司，本来由3兄弟打理得有声有色，然而最近兄弟关系破裂，结果CEO的位置让给了上代老板的夫人，今后事态将如何发展，令人瞩目。

与此同时，也有所有权与经营权分离，由不带血缘关系的人当老板，业务顺利扩大的企业。其实，欧美和日本企业当初也都曾经由创业者本人经营，然而伴随股票上市，公司组织结构便逐渐向公共性转移。对于华人企业今后能否不失去宗族经营的优势继续得以发展，我拭目以待。

取得飞速发展的华人企业
——丰益国际集团的例子

现在让我们来追寻一下当今世界屈指可数的农业方面的大企业，以中国市场为主，取得高速发展的丰益国际集团成功的轨迹。

前面我已经提及，丰益国际集团公司的 CEO 就是郭鹤年先生的侄子郭孔丰先生。郭孔丰先生现年 60 岁，是位以新加坡为根据地，早出晚归，没有周日、也没有节日地只顾工作的男士，而且不打高尔夫。

丰益国际集团公司如今不仅在中国和亚洲，而且在欧洲、俄罗斯、乌克兰都拥有工厂，在全世界与农业有关的企业里大约排名第二。据说，每年光是这一家公司榨油的大豆就达 1000 万吨（日本全国每年不足 300 万吨），而以大豆以外的菜籽及油料作物的种子为原料榨取的油类则每年达 200 万吨。几乎就在苏门答腊三井物产筹办玉米生产项目失败的原址上，该公司首先从甘蔗种植和制糖业入手，获得成功，如今在棕榈油事业上，无论是食用油方面，还是机动车燃油代用品方面，都靠大规模农场种植和榨油事业取得巨大成功。并且，它还独自拥有研究所，致力通过细胞培养来培育榨油率高的棕榈种子。据说仅该集团公司一家就囊括了马来西亚和印度尼西亚棕榈油出口量的 4 成。它在日本也设有事务所，大量经销着大豆糟粕。丰益国际集团认为将来东北亚市场会进一步实现一体化。

我在第 2 章曾经提到，三井物产早在 1970 年代就向中国提议设立现代化的榨油工厂。到了 1990 年代初，我们曾就大规模临海工厂建设设想向中国方面询问意见，当时中国对合资企业课有必须将产品的

75%出口的义务，因而该计划没有获得成功。而丰益国际集团则跟美国ADM一起于1990年代初在中国成功地设立了合资公司，规模一直在不断扩大。

三井物产的失败原因在于为时过早，过早的话就容易中途势头衰竭，待时机真正成熟时已经无力动弹。华侨企业则在把握开拓新事业和掉头转向的时机上非常准确。丰益国际集团公司并未一开始就大举兴建临海工厂，而是选择在投资回收有把握的地点建设规模适中的工厂。然后，他们超前预测到临海工业地带形成后土地扩张的需求，因此在稍微偏离的地点选定了厂址。

前面已经讲过，昔日三井物产曾经将“满洲大豆”变为国际品牌的商品，二战前就曾经在中国拥有榨油工厂。另外，对于棕榈油作为油脂原料的发展前景也曾十分看好，二战前就盯住了苏门答腊岛这块地方。1967年，我被任命负责大豆以外的油脂原料产品后，当即就选定棕榈油、菜籽、芝麻、椰子作为重点发展对象。当时，棕榈油仅仅在钢铁轧轧这道工序上使用，而首次以食用油用途进口的就是三井物产。随后，三井物产在棕榈油事业上下了很大工夫，和马来西亚政府合作至今，然而规模却被丰益国际集团公司远远甩在后面。虽然日本的其他大商社也以粮食作物油脂交易为强项，在知识和经验上也超过丰益国际集团公司，并且同样具备全球性眼光，但还是比不过丰益公司。

为什么华侨企业能做到的日本的商社却没能做到？华侨企业无论经营者，还是各部门负责人，都很少发生变动，这样经验和信息以及与老客户的关系就能得到积累，因此在直觉感到，一有千载难逢的时机，就能及时行动予以把握。日本公司则不然，职员每隔几年就调动部门，而且上层领导也经常更迭。从维护事业的连续性和一贯性角度考虑，我觉得，日本有些地方应该向华人企业学习。

人际关系是一切事情的基础

下面让我来就如何在与中国的商业贸易往来上取得成功，或者说如何才能避免失败来谈谈靠我个人经历总结出的经验。若用一句话来概括的话，就是：深入了解对方，日日反省自我，以与对方协同作战、共同攀登事业顶峰的态度去工作。

下面就逐条记录一下心得。

● 不要日本人扎堆形成“日本人村落”

说起来，日本的确生活方便，环境优美且治安状况良好，另外恐怕还有语言问题，这些大概都造成日本人在国外常常喜欢扎堆，形成村落。他们虽然人在海外，眼睛却盯着日本，说极端点，大多数人都是一边扳着手指头计算着还剩下几年便可以回国，一边在工作，当地雇员自然会感觉到自己被排除在局外。这样，就有可能埋下不利于发挥团队合作精神的隐患。我被派驻北京时的一位中国籍部下就曾经对我讲，“难以进入日本人的圈子”，所以，日本人应该培养任何事情都与当地雇员一起做的意识。

我那位中国部下还对我说，“日本人在白人面前示弱，但在中国人面前却似乎有优越感”。在日本，对欧美国家有自卑感，对亚洲国家和中国却有优越感的人不在少数，日本人到了中国，首先要把这种优越感扫地出门。

在中国，人际关系是一切事情的基础。双方不建立信任与被信任的人际关系是行不通的。只有让对方感觉到你发自内心地想跟他们一起做事情才能成为伙伴，心往一处想，工作才能顺利。如果光是日本人在一起开会，一起打高尔夫球，其结果便可想而知。

为缓解日本派驻海外人员工作时眼睛总是盯着日本的情况，公司总部应该尽量少对海外部门指手画脚，要最大限度地把权力下放到当地。这是至关重要的。我感觉到日本企业对海外部门干涉太多，无论大事、小事，都是公司总部在下指令。

● 日本的长处和优势反而成了绊脚石

首先，我要说的是日本不要总是要求自己至善至美。由于日本太追求完美而导致产品贻误投入世界市场良机的事例有好几个，手机就是其中之一。我倒不是说产品质量可以降一等，而是说不能以青睐高性能产品的日本市场作为衡量标准，来束缚自己的手脚，长此以往就无法成为全球市场的能手。必须立足于开发适合海外顾客消费意识的产品，尽量以低廉的价格销售这样的角度看问题。

● 切勿“事必躬亲”

其次，不应该拘泥于所有零部件都靠自己研究开发和生产，应该考虑与具备价格竞争力的中国或中国企业积极合作，结成联盟。

● 要很好地理解中国

尽管中国与日本某些地方很相似，但将其当做“同文异种”为宜。要多方了解中国文化，不断加深理解。历史的学习也不能忽略，我还记得有人要我好好学习一下中国的历史教科书。

另外，经常见到有些经营者会把“要是在日本就不会这样做，日本的话会如何如何处理”挂在嘴边来教导中国人。我的建议是不要讲“在日本”，而应该讲“在我们公司里”。不管二战后日本表现如何，二战中形成的对日本人抱有的负面情感依然根深蒂固。

在人际关系的基本原则上，中、日两国是大相径庭的。中国以“回报”为原则，日本则以“真诚”为前提。“回报”就是报恩，即报答帮助过自己的人，这就是中国人的第一原则。所以，中国人不像欧美或日本人一样，是单纯的“给和得”（give and take）的关系。必须先不计得失地帮助对方，建立起相互信赖关系，让他们接纳自己为伙伴。

在日本，只要尽到“诚信”，即可获得理解和原谅，并被接纳为伙伴。但在中国，要求对方履行诚信义务，有时会被认为是强加于人。

● 与对方成为伙伴

和中国人成为伙伴需要时间，不是轻而易举的事情，然而，一旦取得了对方的信任，被接纳为伙伴，他们就会毫无保留地来帮助你。但这需要做不懈努力，以为对方已经接纳了自己便放下心来不再频繁见面的话，马上关系就又会疏远起来。必须要勤联系，常碰面。我在香港呆的几年里，感受最深的就是这点，而当时这还让我联想到自己独身时代在美国大学里的经验——以为交到女朋友了，于是便放下心来一个星期没给对方打电话，结果对方态度当即就冷淡了下来，更令我惊讶的是，后来对方干脆就断绝了跟我的来往。在美国和女朋友必须每天都讲“我爱你”。

美国人走到哪里都立刻能交到新朋友，但是他们不像欧洲人那样会把老朋友一直挂在心上，确切地说，他们更注重不断地交新朋友。由于在美国经商完全是建立在法律契约关系基础上，所以无需进一步建立亲密的伙伴关系。

而在华人的世界里，伙伴是必需的，而一个人能结交的伙伴有限。郭鹤年先生就说过，“与一家新公司打交道就等于一下子要和100～200人交际，实在没有这样的精力”。所以伙伴不必多，正因为少才算是伙伴。伙伴搭伙伴便可使人际关系网络无限延伸，变得神通广大。

● 事业上的合作伙伴

在日本，企业在择定客户或寻找合资及合并企业时，通常会非常谨慎地对候选企业进行研究之后再做决定，但跑到中国挑选合作伙伴，有时却显得十分草率。事业成功与否，特别是合资企业成功与否，第一是倚赖于合作伙伴的好坏，第二还是要倚赖于合作伙伴的好坏。一般来说，合资企业发生纠纷的八成以上原因都出自合作伙伴之间关系不和。不和产生的原因，可以是人事上的、经费处理上的、经营思想上的、资金上的以及违法违规上的等诸多事由。

合作伙伴需要花时间去选定，最好先通过跟对方进行买卖交易、委托加工、技术合作等加深相互之间的了解，然后再进入合资的商讨。

合资双方的母公司老板之间建立起一种坦诚无忌的关系，定期进行会晤也相当重要。

在开展事业时，如果没有障碍的话，独资是最理想的，如果搞合资的话，最好能掌握经营主导权。

合资公司的合作伙伴之间经常会出现同床异梦的现象，所以一开始就要向对方说清楚合资的目的、内容、退伙条件和其他要求，合资合同必须制定得详细具体，用公文明确记载，有字印证的东西才会得到尊重。

● 日本总部派遣海外人员的素质

中国不像日本这样只要负责人更迭时做好交接工作就不会影响商业关系。因为在中国，做生意不是靠公司之间的关系，而主要是靠人与人之间的关系，所以从日本派往中国的人员要慎重选择。

中国人在佩服一个人的时候是要看其实力的，比如聪明、博识、经验丰富等，都是获得尊重的砝码；其次是品德高尚，优秀的领导无一例外都必须是受众人拥戴的人物；而且，该人物还必须是超越国籍界线，接受并尊重在异国文化背景里形成的当地人价值观的人，而且还需要做好在当地生活一辈子的精神准备。

中日投资促进机构的人曾经讲到，派驻海外人员的素质要求可以用四句来总结，即认真、细致、坚忍、随和。

在人事和劳务管理等经营手法上能分清轻重、张弛适度的人最理想。

● 长期的人事政策

就像前面已经长篇累牍地讲过的，中国人把人际关系看得最为重要。从二次大战前就开始在三井物产供职的老前辈山本条太郎曾经以总负责人身份在上海工作了6年，后来又在日本公司总部工作了4年，然后，再次以副店长身份在上海呆了4年，回国后在日本总部提升为董事，是中国和亚洲业务方面的总负责人。由于之前的经历，中国方面对他有着非同寻常的信任感。

现在日本的公司经常出于全方位培养综合型人才的目的频繁让职员在各部门之间周期性地流动，而华人企业则不怎么会为此目的让职员经常变动岗位。老板也不变，各部门负责人也不变。这种环境使经营的连续性得到保证，并培养出优秀的专业队伍。而各个岗位人员的稳定又有力保证了人际关系的维护和发展。如何在培养多面手综合型人才与培养专职型人才和维护经营的连续性之间取得平衡，实现三者齐驱并重，是最值得我们动脑筋的。

● 政府的后方支援

欧美国家在和中国交往、寻求加深合作的过程中往往官民拧成一股绳，政府首脑访华团一般都随团带领着众多一流企业的高层领导。日本政府却因为在中日关系上，包括二次大战时期在内的诸多政治问题依然在水面下涌动而左右着主旋律，无法像欧美国家那样把精力全部倾注在建设经济合作关系上，所以，政府的后方支援就与欧美国家相形见绌。日中投资促进机构是日本方面为民间企业排忧解难，针对所有问题帮助出谋划策的机构。在中国方面，则有对应的合作机构——中日投资促进委员会，该委员会会长就是商务部的部长，只要成为其会员就能得到这个后盾。

当然，民间也要自主进行努力。比如美国驻京工商会议所每年都向美国国会提交美国企业在中国活动的报告，而日本工商会议所每年也制作报告，但只停留在会员内部交流这个层次。

第八章
中国人、日本人、美国人

与日本人的差异

上面介绍了我和各种各样的中国人结交的过程，想在此做一下总结。很显然，中国人就是如此这般之类的论断是错误的。任何事情要将其一般化并非易事，议论对象是中国就更是如此。中国幅员辽阔，语言也各异，广东人、上海人、湖北人、山东人各不相同，并且即便同为一个省，北部跟南部也不一样。

另外，不同时代培养出来的人也不一样。就我个人的感觉，生长在毛泽东当权时代，尤其是"文革"那个时代的人，以及比他们老一辈的人，还有最近毕业于欧美大学的青年企业家等，无疑是各具特征的。我觉得，时代和教育在将他们塑造成不同人格的过程中起到了决定性作用，而且，不管在哪个国家、哪个时代，都有善良的和不知廉耻的人。

我觉得，其中对儒教的全面否定影响最为深刻。在中国悠久的历史进程中，儒教遭到否定的时代有两个，一个是秦始皇时代，另外就是现在这个时代。与我很熟稔的在日华人、政治经济学者凌星光先生就很感慨地谈到过，他到东南亚接触了一些当地华侨才初次体会到传统中国人的优良品质。直到现在，华人社会里朋友之间相互借钱都不打借条凭据，因为有恪守信用和诚实的信念在做保证。

不过，如今中国也在出现儒教大举复兴的新迹象。在书店里，儒教等古籍经典著作汗牛充栋，以通读《论语》为中心，供6岁到14岁学龄儿童上的私塾大受欢迎。曾经的那个否定儒教、摧残文化、不相信鬼神、不尊重传统、突出集体主义而忽略个人个性的时代终于退出历史舞台。

一个民族的传统到底还是深深印刻在它的DNA染色体里，绵延不断得到传承，国民性在本质上是不会改变的。

这里有一篇我在论及日本人和中国人的不同点时经常会引用的章节：

“中国人是老成圆通的绅士，日本人则是毛头刺猬似的野……中国人城府很深，日本人心地单纯；中国人注重坚持不懈，日本人则急功近利；日本人喜欢凭一股子热情和势头去做事，中国人则靠坚忍不拔和死缠烂打；日本人有洁癖，中国人则宽容大度。”

这段话是二次大战前在上海经营书店的内山完造在其著书《中国人的生活场景》里写的，被引用在中国研究学者竹内实的著作里，是较早对中日两国人民不同点的一种描述。

在那部书里还有《桃太郎》和《西游记》的对比耐人寻味，分别是中日两国老百姓从小就熟知的家喻户晓的故事。

《桃太郎》的故事讲的是一个从桃子里诞生的孩子率领一条狗、一只猴子和一只鸡征服了鬼岛，满载金银财宝凯旋而归的故事，听起来有点军国主义的味道。而且桃太郎的岁数和鬼岛的位置，征服过程历时多久等等都未提及，时间和空间都含糊不清。

与此相对的是，《西游记》写玄奘三藏这位僧侣在三十几岁的时候带领猴子、猪和河童出发，历时14载，行程十万八千里到印度取经归来的故事，整篇都围绕文化财产这个主题，整个故事情节的历时发展十分具体且时间跨度很长。另外，桃太郎的故事描述的是短暂的理想化的空想，而《西游记》则长篇巨制娓娓道来，内容也非常现实和逼真。著作中内山完造以“桃太郎是不是不应该满足于征服鬼岛就回来，而是想方设法把鬼岛改造成世外桃源才对呢?”收笔。

前面已经谈到，在北京工作期间，有许多前辈或同事在工作上给过我支持。我也曾经就中国人与日本人的不同点，向毕业于中国的大学、对中国了如指掌的2位日本同事征求过看法。

一个人的回答是：“一般来说都比较优秀。只是中国民族众多，地域之间迥异，没法一概而论。而且，不同年龄层的人彼此也大不相同。有一种人已经鲜能碰到，这就是具备儒雅的传统文人气质的人。有骨子里仍明显遗留有当年接受毛泽东思想教育痕迹的一代，也有丢掉了意识形态、醉心于现实利益的年轻人，以60岁上、下为界线，有着天壤之别，简直让人怀疑他们会不会是两个人种。”

另一位的回答可能是力求找到中、日两国老百姓的共同点，略加思索后答复道：“中国人很聪明，但是普通百姓有些爱耍小聪明的倾向，缺乏大智大慧。其次，中国人生性乐观，他们不会沉湎于过去，也不会去幻想未来，他们只活在当下。”

我和他们二位有同感，中国人非常聪明，并且就单个人来讲，是能力非凡，乐观且善于随机应变地待人处事，克服前进途中一切障碍的生命力也旺盛而顽强。脑子转得快，这点从北京广播电台播音员讲话的速度就能感觉出来，实在快得厉害。思考是概念和语言相结合的过程，将中文与英语以及中文与日语的对译比较一下就能看出，中文文字明显简练得多，蕴集深邃含意的汉字实在是伟大的发明。

另外，中国人还非常理智。中国人对一切事情至多只会投入80%的热情，剩下的20%则永远保持冷静，能客观看待问题，不会过分激动，也不会让情绪脱缰，失去控制。即使表面上看似激动地在那里大声争吵，脑子里其实依然留有20%的冷静。有时觉得中国人就如同有两个灵魂寄宿在一个躯体上一般，一个灵魂是在台上演着戏的演员，另一个灵魂则是正在旁观那个戏中角色的真正的自我。

另外，中国人不达目的不罢休，即使死了心也会抱憾终生。

那还是1990年代初在香港工作时发生的事情。有一天晚上，我跟五六位同事一起去吃饭，本来要到浙江俱乐部，但是司机搞错了，把我们拉到了上海俱乐部。上海俱乐部也是老牌的著名俱乐部，据说会员以上海人居多。进去以后侍应生告诉我们：既未预约又非该俱乐部会员的，按规定不能在此用餐。

想到再让司机把车开回来太麻烦，天又下着大雨，我们琢磨着：就这样落了座，叫上菜吃起来，店家也总不至于赶我们走吧，于是便硬是厚着脸皮，围着餐桌坐了下来。此时只见那位侍应生依旧和颜悦色，只是嘴里反复说明不是会员就不能在此用餐。现在想起来，我们当时的确有些傲慢无礼和强人所难，不甘心地跟侍应生磨蹭："你们这家俱乐部不仅名气大，料理口碑也极佳，我们其实也曾应别人邀请来过这里几次，今天说实话是跑错地方了。现在外面正下着大雨，我们用现金支付，能不能就包涵我们今天这一次？"

大概是我们这边的嘈杂声惊动了四邻，从离我们有些距离的餐桌上走来一位很有风度的老者。我就又把求侍应生的话重复了一遍，并且还添了一个貌似有理的说服资料："这位小室洋先生的父亲是三井物产的常务，曾经担任上海支店长，为上海的经济发展做过长期的贡献。"结果，本来一直默默地听我们对话的老者开口了："三井公司我知道，这样就欢迎你们在此用餐，今天就为你们办理入会手续。"

原来那位老者就是该俱乐部的会长。

要是在日本的话，一会儿是要和俱乐部会员委员会进行研究，一会儿是要求你找几位推荐人，即使理事长在场，恐怕也绝对办不到当场接纳你为会员。虽说香港有尊重长辈意见的文化传统，但香港各大俱乐部同样是各自有严格规定的呀。

当然，如果当时不是大雨倾盆恐怕也不会这样顺利。大概是老者在倾听我们诉说的过程中感觉接纳我们也没什么不妥吧。反正我们是高兴坏了，深深为中国人的胸襟宽广和心地善良所打动。

记得那天的肴馔酒水都格外美味甘醇。当我们用餐完毕，拿出现金要求结账的时候，得到的回答却是："我们俱乐部不接受任何现金支付手段，过些日子会向你们请款。"我们又是吃了一惊——这家俱乐部仅凭我的一张名片就相信了我们。

看中国和中国人的角度

归纳了一下，觉得有以下几点：

1. 判断中国的事情时不要从宏观去看。中国的幅员太辽阔，导致地域差异悬殊，而且正在急速发展之中，用三言两语给中国盖棺定论难免有失偏颇。然而，尽管如此，依然有亘古不变及全国共通的地方。

2. 中国就像一部自行车，一边靠车把左右摆动掌握平衡，一边在前进，在考虑问题时时刻刻要有平衡感觉。每一个新事物的诞生都必然会带出与之相制衡的反作用，任何事情都不会是一步到位，而是有弹性的、灵活多变的。

3. 非常推崇老前辈和经验，权威和权力都集中在上层领导手中。平民大众总是在期盼有个优秀的领袖可以追随。

4. 中国人有着地位、名誉、财产甚至身家性命都无法得到保障的漫长历史经验，所以中国人是耐得艰难困苦，生命力旺盛的民族。

5. 也正因为如此，中国人不喜欢依赖外人，而是立足于靠自己，把自己以及自己的亲属当成最可信赖的人。在审慎分析情况后会形成立场鲜明的主张，说话往往有点夸张。

6. 从单个人来看是优秀的，然而在集体行动时却会缺陷毕露。日本人则单个人是猪头猪脑，结成团队却能摇身变为虎。中国人大概与此相反，人比较成熟老练，轻易不受外界左右，圆滑世故，对一切都抱着怀疑的态度，不肯轻易吐露真言。

7. 但人活着总要有个精神依托，于是面子便成了中国人最珍视的东西。

8. 珍视人与人之间的信义、信任关系。

9. 会屈从于力量（能力、财力、权力、借贷）。

10. 重视借贷关系，相信只要敢于先付出，就一定会得到回报。对于危难时伸出救援之手的朋友终生不忘。

11. 不会患得患失，生性乐观，对已经发生的事情能拿得起放得下。

12. 在价值观上以物质为重，嗜爱钱财，拜金主义倾向明显。

13. 有中华独尊思想，诸外国皆为己用的想法首当其冲，同时会与之保持一定距离，避免过分亲密。

日本这个民族不同年龄层之间也存在巨大差异。经常会听到这样的议论：最近的年轻人不怎么爱独立思考；有规章或合同明文规定的他们会遵守，不在这个范围内就以为可以随便行事；根本不考虑是否会给别人添麻烦，没有廉耻，也仿佛很少感到羞愧。

我觉得，战后日本的教育在尊重自由和个体等方面的误导似乎遗毒不浅。

但是，在另一方面，日本人的品格也有一成不变的地方，比如耿直和有洁癖，喜欢对该允许和该禁止、善与恶尽早做出判断以求释然的想法很普遍，敢于承担责任的传统也未丧失。我的中国朋友评价说，"'Isagiyoi（欣然决绝）'是日本人的特点，中文里面没有与这个意思完全相符的词汇"，也许这个词汇正高度概括了日本人的优点和缺点。

而且，日本人一般不以自我为中心。本来应该敢于说出自己的主张，但似乎是勉为其难。

日本人的美德在于对他人的悉心关爱和对自我意识的抑制。这与西洋人和中国人以自我为中心的行为方式形成两个极端，是日本人独有的人生准则。日本人对客体的关爱不仅限于对人，也包括对花草和其他生灵，可以延伸阐释为对大自然的关爱。日本人自古以来便是在努力与自然达到和谐当中生存下来的，这一美德应该得到继承。

我们赖以生存的地球正在人类的傲慢和肆无忌惮中面临资源枯竭、环境破坏，金融危机也是人类贪婪成性自找的报应。人类终有一天会摒弃基于对立关系看待世事，一切以数据或成就来衡量的现代文明，而向更加和谐、更加有人情味、不是靠规章制度约束而是凭教养和伦理观念来支撑的精神文明转变吧！塞缪尔·菲利普斯·亨廷顿的《文明冲突论》把日本文明列为一个自成一家的体系，正说明日本文明正逐渐得到世人的重新评价。

既然有这样的大气候，我们就更应该慧眼识别日本的优点，力求由此出发向国际社会施加影响。

美国与美国人

我先后由公司派驻海外达23年，其中3次是到美国，共待了13年。中文地区，包括台湾3年、北京4年、香港3年。初次到美国是在1960年，是以公司海外派遣进修人员的身份去的，得到赴位于美国中西部地区的伊利诺伊大学留学1年的机会。之后，又两次派驻纽约，共度过6年的时光。然后到波士顿接受短期进修，住过一段时间，后来又在南部的田纳西州孟菲斯市待了5年，总体感觉美国中西部、东部和南部差别很大。

在旅居美国期间，一有机会我就驾车外出游历，没去过的地方也就剩怀俄明州和南达科他州这两个地方了。在海外派遣进修生时代则是搭乘灰狗长途巴士到处游逛。

曾经驾车和家人一起把东部和南部细细地走了个遍。美国幅员辽阔，自然环境也十分富饶。尽管无论走到哪里麦当劳都会为你提供标准划一的服务，但各地的风土人情却是多姿多彩的。沿途走访了朋友、客户和美国人部下等，交谈一下便发现还真是地域之间各有特色。

当一个人走投无路做最后挣扎的时候，是最容易暴露其本性的。我对此深有体会。那是1978年我为收购美国谷物公司进行了艰苦的交涉和收购后参与经营的那段日子。公司收购交涉总共花掉3个月的时间，整个谈判成了连周六、周日都搭进去的马拉松式拉锯战。参与谈判的美国人有我方律师，丰益国际集团公司的总经理及高层领导，以及收购成功后预备租赁我们设施的美国康地谷物公司（Continental Grain）的高层领导，还有将委任为收购后的公司经营负责人的人选等等，色彩斑斓的个性汇聚一堂，活脱脱一部世态小说。

当时，每逢美国政府对谷物实行出口管制，农产品行业便陷入经营困难，从业人员纷纷辞职，也有由公司解雇高层管理人员的情况。执行解聘人事命令的过程是令人痛苦的，也因此对美国人的内心世界有了真正的了解。

“出人头地东部靠头脑，南部靠毅力，中西部靠人品”——这句话就是在这个时候听到的，它的确概括得全面、精确。

这里介绍两次尤其能体现出人的本性的经历。一是1978年在收购格库（Cook）公司时，我想方设法跟负责人建立起个人交情，一大早就造访该公司所有者并担任公司董事长的格库先生位于美国南部城市孟菲斯市的私宅，或深夜赶到郭先生在纽约的公寓拜访，结果效果极佳。尽管在美国，人际关系不像中国那样会成为左右事情成功与否的首要条件，但同样是不讨人喜欢就办不成事，搞好人际关系会使人如虎添翼。

另一件事是1995年夏天我到明尼阿波利斯的美国最大农业协会HARVEST STATES（现在的CENEX HARVEST，1998年CENEX和HARVEST合并而成立）总部拜访时发生的。当时，三井物产在美国已拥有油脂生产厂家Ventura公司，但出于长远打算，我们正和HARVEST STATES协商合作事宜，担任本部长的我奉命前往公司总部拜访。

会议结束后，对方安排了一个联谊晚会，会场设在游弋在明尼苏达河上的游艇上。对中西部地区的美国人来说，直到如今都是这样，光是阿巴拉契亚山脉以东地区就仿佛是另一个国度了，大洋彼岸的日本就更别提有多么遥远、陌生了！几杯酒下肚，我唱了一首声援伊利诺伊大学橄榄球队的歌，因为猜想，农协高层领导里毕业于以美式橄榄球著称的前10名中西部学府的人一定不少（美国中西部主要10所大学有美式橄榄球赛联盟），结果有一名伊利诺伊大学的毕业生应着歌声站出来自报家门，使得宴会的气氛顿时温馨了起来。自这次宴会以后，我跟农协会长约翰·约翰逊先生就成了知心朋友，每年都见好几次面，直到现在，听说约翰逊会长每年春天都必到三井物产日本总部访问。

尽管美国的世态人情不像中国那样，与日本的习俗相去甚远，也难以把约翰逊当成典型美国人的代表，但在他身上还是有很多美国人共通的特征，把一时能想到的列出来有以下几点：

● 大方开明，胸无沟壑，内心充满阳光。

● 爱交际，很快就能成为朋友，但不求与对方成深交，而倾心于接连不断地结交新朋友。

● 跟中国人一样十分宽容，对于正确、评价高的东西会不带偏见地接纳。

● 乐观积极，对所有事物都持肯定态度，会用发展的眼光来解决问题。

● 美国的发展是通过不断开发西部实现的，在美国人的心目中，总是留有一片未开拓的处女地；日本人则喜欢凡事先抱以否定的眼光，搜肠刮肚地找理由来支持自己的否定态度，而缺乏争取把否定变做肯定的积极姿态。这种差别甚至在日美学术界生出两国人大脑分泌物不同的论点。

● 不停留在口头上，而是立即行动，且发现方向错了，马上掉头重来。

● 总认为有简单易行的解决办法。

● 力求做到公平。

● 奉行一种值得肯定的个人主义，但维护自身利益的意识过强，总体上有些自信过头的倾向。

•佩服实际能力，不会因为你是权威就伏伏贴贴地听指挥。

•是以规章和契约为基础的社会，凡事需要充分沟通，有章可循。

•鲜有东洋式的殷勤真挚的交流。

•对称心如意的对象会呵护宠爱，然而一旦视你为敌人，便会伺机打击。

•一旦感觉个人自由和日常生活遭到侵犯，便会团结一致进行反抗。

美国人大多是从欧洲和南美等世界各地来寻求新天地的人的后裔，是些在故乡生活窘迫的人们。他们的热血永远为正义而沸腾，并且视把正义推广到全世界为己任，这一点从未发生过动摇。

美国尽管以自由和机会平等作为社会理念，但是人种歧视并未消亡，不能否认，按照移民美国先后次序尊重程度递减的倾向依然存在，尤其是把以英国人为首的盎格鲁—撒克逊白种人清教徒（WASP Anglo-Saxson. Puritan）放在第一位，其次是其他西欧人，再其次是东欧，然后是南美，最后才是亚洲。

不过，美国还是在随着时代而变化。据说最近的研究结果表明，美国人里无法对他人产生信任感的人在增多，把成为有钱人当成人生目标的年轻人也在增加，以自我为中心的倾向越来越严重。

也有人认为，美国在“9·11”恐怖袭击事件发生后发生了变化，之前美国人对于弱势意见相当尊重，显示出其包容力和宽容大度，然而在连续恐怖事件发生后，美国人开始对反对意见充耳不闻，甚至形成了一种封杀一切不同见解的、粗暴的社会风气。

2009年奥巴马总统上任，作出愿意倾听不同见解的姿态，事情出现了转机，而带非洲人血统的总统的诞生本身也表明美国发生了巨大变化。

1960年距现在只不过50年，然而当时伊利诺伊大学的女生宿舍晚上10点钟锁大门，迟到1分钟都要被勒令退学。女生宿舍设有一年一度的对外开放的日子，学生们的父亲也只有在这一天才被允许走进女儿的房间，平日里有人来访时只能在1层的会客厅见面，还发生过女生与美式橄榄球选手发生关系不慎怀孕而自杀的事情。

10年前，我又得到访问伊利诺伊大学的机会。我当年住过的研究生院男生宿舍早就变成了男女共用，男女同住一层。我侄女的女儿是日本人和美国人的混血儿，几年前就开始在纽约的大学里做宿舍长的工作。要说起她的工作内容实在是逗乐，她笑着说不过是为大家颁发些避孕用品而已。

但是，看最近的《新闻周刊》报道，似乎又出现了高中生开始重视保持处女和童贞的新迹象。

我住伊利诺伊大学研究生院男生宿舍时的室友叫麦克·史密斯，比我小2岁。当年在日本上大学时曾有和高中同学合住一室的经验，但和外国人同室还是头一遭，心中难免忐忑。然而到底是和谁都能处得来的善交际的美国人，我们的交流是以十分自然的形式开始的。

麦克的祖先是乘“五月花（MayflowerII）”号渡轮来到美国这块土地的名门望族史密斯一家，他从南卡罗来纳州私立士兵学校毕业后来伊利诺伊大学研究生院学习经济。有一天，根本不是我主动引出的话题，麦克竟然发表了一通他的日本人观，说是在学习日美海战史时的心得。

“南云长官为什么没对夏威夷进行第二轮进攻就打道回府了？山本五十六派出浩浩荡荡的一支舰队和航空部队，为什么没有最大限度地发挥其威力？中途岛海战时为什么日本有4艘航空母舰，被击沉便马上认输逃之夭夭？当时明明美国一方也处于疲惫不堪的狼狈状态——要我说日本这个国家就是不善于坚持到底，美国总是逼进一步，再逼进一步，就如同美式橄榄球一样朝着目标有组织地集中全部力量压过去。中途岛海战将日本人的缺点暴露无遗，首先败在开战伊始为旗开得胜而沾沾自喜、骄傲自大上，没有凶猛和不达目的誓不罢休的气势，不够执着，这是不是受日本剑道的影响？明明知道最终会败下阵来，还非要跟对方打架不可，美国人就不会做这样徒劳无功的事情。”

研究生宿舍的生活经历给我留下最深印象的，莫过于自己与美国人在体力上的差距了，白人学生饭量大，玩得欢，学习得猛，让我对牛排和茶泡饭功力的差距深有感触。我当时对麦克的这番议论无以反驳，美国的优势就在于他们不服输的性格和到了生死攸关的关键时刻能团结一致同仇敌忾吧。

我在美国最要好的朋友

2007 年，我在美国最要好的朋友和他的妻子来日本访问。我们是 1973 年在哈佛大学商学院进修时认识的，之后一直交往到现在，平均每 5 年见一次面。当年进修时，我们被分在一个“罐头小组”（Can Group），6 人一组，宿舍共用一个单元，原则上日常起居和学习都在一起。他是 16 岁就被麻省理工学院录取的高才生，为人老实而不张扬，一点都没有在人才济济的大公司里杀出重围、出人头地的野心，然而最后却做到美国第二大造纸厂商美国米特（MEAD）造纸公司老板的职位。他夫人也毕业于东部的名牌女子大学，两个人可以说是一对美国模范夫妇。他们在日本逗留了 2 周时间，其间，到过我家，也到京都旅游去旅游。我们双方都处于半退休状态，时间比较充裕，便有了充分交谈的机会。

他的祖父和父亲也曾是米特工厂的员工。在哈佛进修期间，我鼓励他，说“既然在米特公司工作，就要当上老板”。当时，他回答说，自己没有那么大的梦想。我觉得他是凭人品和一副好脑筋顺其自然被推举到老板宝座上的。在他还活跃在第一线时，可以一天之内坐着公司为其配备的喷气式专机走访四处左右的子公司或现场，而假日约我在芝加哥见面时，搭乘的则是一般航空公司的航班。

他还对我说过这样一件事情：他的公司也和大多数美国公司一样，引进了报酬委员会、人事委员会、外部董事制之类的制度；有一年，报酬委员会突然做出给他大幅度加薪的决定，但是他谢绝了。

由美国安然公司（Enron Corp.）事件引起世人注目，到最近噪然一时的美国次贷危机所暴露出来的种种龌龊事端，人们对美国公司的CEO几乎普遍形成了一种负面印象——只顾个人利益，不惜打法律法规的擦边球钻空子做坏事。然而我最要好的美国朋友的行为却告诉我，美国也有他这样清廉的经营者。

向他问过经营的诀窍是什么，他的回答是，要在自己周围聚集优秀的人才。为人诚实、公正，开朗而从容悠然的他，30多年来几乎没有什么变化。通过他了解到的美国人的思维方式也基本上没有什么变化。看来社会常识和习惯纵然会随时代变迁发生些变化，文化的本质却是不会轻易改变的。

中国人与美国人

中国和美国一样幅员辽阔，然而国土面积当中不毛之地却十分广袤，不像美国那样富饶，而且与美国相比，各地域之间差异要悬殊得多。

从历史上看，美国是由背负着共同背景和动机的人从海外移居过来，以共同的价值观建立起的新生国家，这就决定了它和拥有几千年悠久历史的中国有根本的区别。更加上中国历史曾遗留下几个辉煌的文明里程碑，无论当代人有什么新的思维，似乎都不过是以往历史上曾经发生的事例的重复，从前的伟人智者早已把真理都说明道尽。在这样的国度里，恐怕不会轻易地放眼未来而不断地探索追求新事物。

我觉得美国人与中国人在很多方面都不同，然而也有几个共同特点：

- 无论针对什么事情都抱着事情发生了就发生了的态度，不会后悔莫及，怨天尤人。
- 做事不怎么严谨，有些不拘小节，大大咧咧，但也宽容大度。
- 看问题擅长从大局着眼，但在另一方面，喜欢将重点放在短期目标和利害得失上。
- 都是个人利益优先于集体，与日本人形成鲜明对比。
- 对于有卓越领导才能的精英领袖人物十分尊敬，愿意听其指挥。
- 有国际概念。
- 一旦目标锁定，就迫不及待地想一步到位，细节过程则是边前进边思考，即属于一种“革命方式”（revolution），而日本和欧洲（尤其是北欧）则青睐于“演变方式”（evolution 循序渐进的变革），先制定整体进程和步骤才付诸行动。

日本采取的是一种自下而上的体制，而美国从某种角度上说应该算是一种由头脑敏锐口才又好的精英领袖人物来统率引领的体制。日本的陆军作战指令会是：“冲啊！”，而美国则是“跟我来！”（Follow me！）。在越南战争中，美国军官的死亡率高于普通士兵，公司也是由 CEO 在引领。而无论是中国人还是华侨，也都和美国人一样，普遍愿意追随一个杰出的领导。

在谈判桌上，中国人一般不会自己先开口，而是让对方把话说完，听完了以后才发表自己的意见，而且不肯轻易流露真实想法，让人摸不着头脑。他们和日本人一样，先让对方把各种方案摆出来，一边听对方讲解，一边揣摸判断标准，然后再不紧不慢地提出异常苛刻的条件。要使谈判获得圆满成果，就必须无时无刻不照顾到对方的面子。

和美国人谈判则纯粹是一个讨价还价（Deal）的过程。他们会讲出一大串道理来步步紧逼，即便心悦诚服地认为你说的对，也绝对不会承认自己有错，而会装聋作哑。多数情况是，一旦美国人默不作声了，就意味着你获胜了。

前面的章节里已经谈到只要到香港、台湾或东南亚一带走走，便会遇到仍保持着优良传统的杰出华人。其中富裕阶层家庭的子女一般都会到欧美国家的一流大学留学，从中学时期起就被送往欧美寄宿学校的也不在少数。

现在中国也流行让子女到欧美国家去留学，在欧美国家完成学业并完全掌握了英语的国际通用人才在增加，以古老的中华优良传统为根基的年轻一代杰出华人的层层涌现实在是一件令人欢欣鼓舞的事情。而日本在国际型人才培养方面会不会被甩在后面，着实令人担忧。

当今的世界已经在从美国单极格局向多极化格局转移，尤其是世界的重心正在逐步迁移到亚洲。亚洲自古文化呈多元化发展，目前还不具备像欧盟（EU）那样实现统一的条件。也正因为如此，扎根于亚洲各国的“华魂洋才”式华人无疑将在亚洲的联合大业上发挥重大作用。

第九章
日中两国通向未来的道路

中国的崛起与日本的困惑

今年一年世界金融危机爆发和美国奥巴马新总统的诞生给世界带来了巨大变化。而在此期间，中国不仅成功地举办了北京奥运会，而且金融危机反而使中国“因祸得福”，使中国在国际社会的存在感明显增强。

最具象征意义的是2009年4月在伦敦举行的第2届G20首脑会议的纪念照片，胡锦涛主席被安排在东道主英国首相戈登·布朗左侧，站在最前列中央的位置。据说，座次的排列原则沿袭第1届会议的惯例，国家元首在前，首相位居其次，然后考虑的因素就是任职时间的长短，可是麻生总理却被安排站在最后一排靠边的位置。我想不少人都会认为既然本次会议的主要议题是经济危机，按常理应该按照GDP排名来安排座次。

中国经济正如其家用电器和机动车销售量所显示的，似乎在金融危机发生后不久后便走上了复苏的道路，日本经济也多亏对中国出口的回升才缓过气来。在俄罗斯和巴西经济状况略显黯淡的情况下，目前中国成为世界经济的重要引擎。

美国和中国成为世界经济的第一和第二大国，G20 框架将由中美两巨头引领世界的 G2 论调一时风行全球。这一论调产生的基本背景是，当今的美国处于若没有中国从财政金融方面予以协作便无法渡过难关的状态。对此，尽管中国国内部分舆论持警觉态度，认为美国的吹捧、抬举是居心不良，然而同时却又别无选择——相当一段时期内必须采取措施支撑美元，防止其贬值。20 年前高举“改革开放”的旗号，用资本主义方式实现了经济高速增长的中国，这次却被赋予了支撑资本主义的使命。

与 G2 论调风行形成对比的是，最近中日关系在国际关系当中的存在感江河日下，中国崩溃论、中国威胁论一直占舆论主导地位的日本似乎对此有些茫然无措。

中国最近实施的建造航空母舰以加强远洋海军作战力量等一系列显示加强军事力量方针的做法令日本人忐忑不安。但我认为，中国并非想增强军事力量去跟美国抗衡，而只是希冀与美国建立平等的大国间关系的看法是正确的。

在我这个长期和中国打交道的商务人员眼里，中国的崛起尽管比预想的要快，但并非出人意料。中国幅员辽阔，人口众多且年轻，再加上引入了本来就非常合乎中国国民性的市场机制，有朝一日成为经济大国是意料之中的事情。中日两国之间的贸易额和人员往来早就超过了美国，因为看好中国市场，从机动车到 24 小时便利店，众多的日本企业都已经到中国落户。

我认为，日本经济界人士多多少少都持与我相同的看法。

也就是说，第一，中日经济关系已经密切到不可分割，而且属于互补型关系。当然，中国会努力赶超日本，所以在技术开发和摸索新型商务模式，积累经营诀窍上，日本必须争取一直保持世界领先地位才有出路。

第二，日本对于邻国的中国成为大国应该持欢迎态度，要看到巨大的地缘利益。经济关系就是不能感情用事，而要冷静地争取建立一种双赢互利关系。

第三，对于日本的优点和先进之处，中国要正视并积极地学习、引进。中国很清楚，如果将中华思想独尊的优越感流露得过于露骨，并做出具有霸权主义倾向的行为，必将招致邻近各国的反感。毋庸置疑，对于经济结构本来就高度倚赖出口的中国来说，经济的可持续发展是以和平为前提的。

第四，无论商业贸易还是外交，日本有必要维护自己的立场，明确地表达自己的主张。中国在外交方面手腕高明，若掉以轻心，便会被这位谈判高手钻空子。

从国家角度考虑，安全保障和国家利益方面还有很多问题需要进一步探讨。战后的日本一直坚持走和平道路，在成长为经济技术大国之后，一贯以支援包括中国在内的发展中国家作为国家的既定战略方针，这里面也夹带有赎罪的双重含意。现在，中国崛起成为大国，世界正从美国单极主义时代转向多极化时代，国际力量对比日渐向亚洲倾斜这一转化阶段，面向未来，我们到了重新思索日本该走什么道路的时候了。

作为一直从事经济事务的笔者来说，日本不能充分发挥自己的实力，失去现在所受到的尊敬，继而因控制不住失落情绪导致中日关系接连发生摩擦是最令人担心的。因此，中日两国都需要为正确了解对方而努力，并放眼未来，寻找两国关系发展的方向。下面我便想以此为出发点，展开自己的论述。本来从事经济事务的人对外国的政治不该品头论足，但论述经济似乎难免多少牵涉到政治。在此特地声明，这都是我的个人见解。

大国中国

那是1960年我还在伊利诺伊大学读书时的事情。那时候，我们住在学生宿舍里，每天都五、六个人聚在某个人的房间里边喝罐装啤酒，边坐在地上聊天，每次都会有人给大家讲个小笑话，这几乎成了惯例。有一天，有人说："其实发现美国大陆的，不是哥伦布而是中国人，然而中国人虽然第一个来访，却发现这里是一片荒芜的处女地，自己没法继续干洗衣店这个行当，所以就回去了。"大家听了，都哈哈大笑，当时在美国经营洗衣店（Laundry）的一般都是中国人。

然而，后来才知道，明朝永乐帝时期派出的大型航海船队的确发现了美洲大陆，比哥伦布早70年。这在4年前播放的《世界奇闻逸事探险》节目当中也有报道，估计有的读者是知道这一学说的。明朝的大型航海船队在好望角分作几个编队，分别驶往大西洋、南美、欧洲、澳大利亚、南极等地方去探险，并绘制了世界地图。据说，哥伦布把中国绘制的地图放在身边。

而且据说，美洲大陆东海岸直到现在都在养殖中国原产的鸡种，并还保留有当时建造的天文台，是用石头垒砌，用搀有米的灰浆粘合的。据哥伦布航海日记记录，在东海岸看到过服饰不同于印第安人的穿长袍的人。而且据说还在旧金山附近地下的古河道上发现了全长70米的遇难船只，出土了中国的陶器和大米，并发现附近修筑有长城，生长着原产中国的树木和鲜花。在明朝大航海时代，中国的文化发达程度比其他国家高出一筹，是世界霸主。而北京奥运会绚烂豪华的开幕式上用表演再现的明朝这一大航海时代，正向世界宣告着沉睡了500年之久的中国此刻终于苏醒。

中国的GDP在2007年已经超过德国列居世界第3位，不久即将超过日本成为世界第二经济大国。据2009年3月中国国家统计局发表，2008年中国的人均GDP已经达到3266美元，终于突破了3000美元的大关。也就是说，继2003年人均GDP超过1000美元，2006年超过2000美元之后，中国的人均GDP增长至3倍左右仅花了5年时间。按照一般经验，人均收入超过3000美元后城市化、工业化步伐将加快，消费模式会发生变化。顺便提一下，日本人均收入超过3000美元是在1970年代中叶，而从1000美元增至3000美元共花了11年时间。

2009年2月，我们有机会和中国社会科学院日本研究所的学者们在北京就世界经济危机进行了探讨，与老朋友也会了面，获得了解中国政府方针的机会。当时感觉到的是，中国政府将这次金融危机造成的发达国家经济滑坡看作中国共产党创建后遇到的最严重的危机，正全力以赴克服难关。今年中国政府编制了9500亿元人民币的赤字预算，但也只占GDP的3%，与美国的8%、英国的5%、日本的4%相比，并不高。中国财政的优势在于国债发行累计额只占GDP的18%，而EU设定的是60%，相比之下较低，因而中国政府的方针似乎是上升到这个水平也不妨。

号称4万亿元人民币的经济刺激措施已经付诸实施，被用于基础建设、农村补贴、环境、医疗、教育等方面。最引人瞩目的项目是铁道建设，2009年共投入10兆日元，计划到2020年的铁道总里程由现在的7

万公里延长至12万公里。

中长期目标是在全国范围实现农村城市化，重点发展地域分为珠江、长江、京津（北京、天津地区）几块。中国的农村问题和日本曾经走过的道路一样，将通过城市化得到解决。到今年为止，已经用30年时间将3亿人口转化为城市人口，今后10年更计划进一步实现3亿人口的城市化。

尽管扩大内需是当务之急，然而医疗等社会保障制度如若不完善，消费就不能增加。最近，日本也出现因为对未来前景抱有顾虑，越是年轻人越增加储蓄比重的现象。中国目前社会保障制度的落后状态若得不到改善，老百姓将不得不增加储蓄。

中国存在的问题

纵观中国历代王朝的变迁便会发现，新王朝的诞生→高压政策→官场腐败→社会不满情绪的聚结→农民起义→王朝更迭这一过程在循环往复，宋、明、清几个朝代都是沿海地区经济不断发展，造成和内陆地区的贫富差距扩大，最终导致社会动乱。

中国存在的问题总体上可以归结为就业问题、农村问题、贫富差距问题、社会蕴含的不稳定因素、腐败问题、环境问题、水资源的缺乏、能源利用效益低下这几个方面。其背后最根本的、也是使这些问题加剧的原因在于无视社会秩序而只顾追求个人利益的伦理道德的沦丧。最高指导阶层制定的方针难以得到贯彻落实，上有政策，下有对策成了常情。如假冒产品层出不穷、食品和医药安全得不到保障所表现的道德风尚严重败坏。伦理道德教育和精神文明的复兴已刻不容缓。如不能正确有效地实现文明的复兴，经济发展终将有一天会碰壁。

大概是已经认识到这一点，正如前面提到过的，中国目前正迅速出现一股重新评估中国传统思想的潮流。分析解释《论语》的书籍这几年连年位居畅销书榜首，书店里不仅是《论语》，其他古典著作的分析注释书籍也琳琅满目，并且在北京市，以 4 岁到 16 岁年龄段少年儿童为对象的“国学私塾”正在走红，据说课堂上会让学生们朗读王应麟的《三字经》之类传统书籍。

目前，中国面对的另一个大问题是 2015 年左右即将到来的人口老龄化现象，中国的人口高峰据统计将在 2030 年抵达顶点，如何应对人口老龄化问题开始被列入议题。独生子女政策目前在农村已经放宽，就算中国政府不会正式发布转换该方针，估计一对夫妇最多生育两个孩子会悄然为制度所默许。有看法预言，今后中国人口将稳定维持在 15 亿左右的水平。

我在前面已经有所表述，在悠久历史和广袤国土中孕育出来的中国传统民族性和国民心理有几项表征，其中之一就是对圣明君主的崇拜和顺从，有着对权威服帖依从的习俗。按照这种思维方式，制度可以不去理睬，贤明而指挥能力强的领袖却不能不服从。这一习俗正是中央集权制的专制主义在中国得以生存的土壤，一党统治是有其历史根源的。只要老百姓对现政府的信任没有发生动摇，就不会出现政治动荡。

但是，随着在经济增长过程中变得富有，国民参与政治的意欲也会增强。老百姓尽管表面也许会随波逐流，但他们注视体制变化动态的目光却是犀利的。所以，如果想保持社会的持续稳定，就必须在未来的某一天让人们意识到体制并非是冥冥之中由上苍赋予的，而应该是有自己参与制定的东西。

中国自古以来就重视阴阳的协调平衡。我觉得，中国就像一部自行车，要手扶左右车把不断地进行细微调整才能前进。中国现任领导人对于政治改革必须分阶段实施这点是十分清楚的，估计会高瞻远瞩，循序渐进地推动民主进程，操之过急反而会破坏社会的稳定。另外，中国目前恐怕还不具备实施民主化的条件。民主主义是以法制和少数服从多数为前提的，而中国的国民性却使得无论国家还是企业，民众总愿意被动地去跟随某一位优秀的领导人，人治的成分还相当大。

在这里，我想总结一下当前的世界动态。首先我认为，当今世界是有史以来最为和平及全球化的时代。1980 年中叶以后，战争等有组织的暴力行为已经降到最低水平。回顾人类历史，多数在短期内迅速强大起来的国家通常都会走上扩充军备的道路，以图扩大本国的版图和影响力。但自从 1960～70 年代日本和德国成为经济大国之后，可以认为，强国已经摒弃这种野心，取而代之的是在现有国际秩序当中谋求富裕和发展。

经济全球化进程的加深使得世界经济总量在 15 年之间增长 1 倍以上，其中美国的超前消费起到主要的拉动作用，而美国的超前消费却又是靠世界各国剩余资金的支撑。金融危机摧毁了超前消费与剩余资金之间形成的循环机制，长期以来置“借了钱就要还，还不起的人就不借给他”这一合情合理的信用链条于不顾，放任其自由发展的华尔街贪婪的资本主义走进了死胡同。美国不得不缩小经济规模，经济实力的下降终将导致美国单极主义寿终正寝。世界会转向多极化，力量平衡的重心将逐步移向亚洲。

但是，美国时代并未就此宣告结束，它只不过被自己积极推行的全球化战略耍了一下，栽了个跟头而已。美国依然拥有具有国际竞争力的产业，大学也属于世界最高水平，而且美国还是世界上最开放的国家，移民数量既多质量又高，在美国从事科学研究的人员当中号称有一半都是留学生或移民，他们的创造力得到了卓有成效的利用。并且，在发达国家当中，未出现人口老龄化现象、人口保持持续增长的只有美国。

美国《新闻周刊》主编扎卡里亚在他的近期著作《后美国世界》一书中有如下评论：

“新兴国家的民族主义情绪将空前高涨，各自坚持自己的国家利益，有可能导致世界陷入一片混乱无序。

“中国想构筑的权力与美国型截然不同，它不会倚仗强大的军事力量，去否定别国持有的不同世界观。虽然它也会力争成为超级大国，但在实现目标的过程中不会使用军事力量，而是会发挥经济力量和政治手腕。它可能会一步一步扩大自己的势力范围，将美国势力驱逐到亚洲的边远角落。如若中国以旁若无人的方式行事，肯定会迫使日本、印度等周边国家将会团结一致，阻止中国的崛起。

“美国会始终保持科学革命、技术革命、产业革命的领先地位。纳米技术、生物化学技术等都走在世界前列，高等教育的水平也是世界第一。到2030年为止，美国人口将增加6500万人，会建设成一个所有人种、民族、宗教信仰者共同生活和工作的国家。”

日本没问题吗？

纵观日本2000年来的历史，日本位于中华文化圈的东方一隅，也就是东夷。7世纪时，是圣德太子使日本文化脱离了中华文化圈。从此以后，日本靠不懈的努力积淀了独具特色的本民族文化。借用埃德温·赖肖尔（Edwin Reischauer，又译做赖世和）的话来说，日本小而孤立，并且一直在将自己跟中国进行比较。在日本人的意识当中，总是夹杂着惶惑和对自卑心理的恐惧。当马休·佩里率领的黑船迫使日本打开国门后，日本又致力于脱亚入欧、实施西洋化，在短期内实现了近代化。按照萨缪尔·亨廷顿（Samuel Huntington）的文明论，多极化的世界将分为欧盟和俄罗斯，英国为半极，南亚是印度，东亚是中国，然后便是日本这半极。

从日本历史可以显而易见的是，包括锁国时代在内，日本对于任何文明向来都是来者不拒，在学习和消化基础上加以日本式改进，使其臻于完美。无论是语言、科学技术、艺术还是饮食，虽然在本质上都具备东洋特征，但像这样包罗各种文明于一身的国家是绝无仅有的。我想，这主要归功于自古以来日本民族对教育的高度重视和在捕捉外部信息时的过人洞察力和热忱，以及旺盛的求知欲。

日本的法宝和优点在于精神和意识。具体来说就是诚实、认真、责任感强、做事细致周到、审美意识高雅、能为圆满完成任务发挥团体协作精神、不求回报的谦虚精神、利他主义精神等。

日本的薄弱环节和缺点也就是和优点并存的另一面，即平等主义、悲观主义、因循守旧、制度僵化、因为偏重与他人的协调而缺乏独创性、个性不够鲜明，尤其目前在现实当中，相当成问题的是政治上的无能和缺乏战略性部署，经济上政府部门和公共机构生产效率的低下。

2009 年 5 月，我一半也是为了工作，到巴黎、伦敦、爱丁堡（Edinburgh）、香港做了一次大约 2 周时间的海外旅行。一边从遥远的异国反观日本，一边跟各式各样的人会晤和辩论，并用了充分的时间来思考问题。我当时对日本的思考有以下四个方面：

- 日本是世界上最适合人居住的地方，生活方便、治安良好、气候温暖、风景优美，几乎可以说好得有点过头，因而导致身在海外的日本人总是归心似箭，喜欢龟缩于熟悉的环境而缺乏国际性。

• 日本人与他人沟通的能力尤显低劣，缺乏驾驭英语的能力。

• 因此，日本人喜欢本民族人单独结成村落，愉快度日，思维方式也摆脱不了跟日本挂钩的狭窄路子。如此这般对于日本在国际社会当中的存在意义只能打问号。

• 随着中国的崛起，日本的存在感与日俱下。本来日本从国土面积、人口规模上来讲就没有条件承担引领世界潮流的领袖角色，不过世界已不再是从前由某个国家能单独引领的时代，日本退居二把手、三把手也未尝不可。据说马拉松也是季军跑起来最轻松，二把手也同样有机会成为一颗研磨得璀璨夺目、光芒四射的钻石。

总的来说，日本过于内敛，不够国际化。国际新闻也明显比其他国家报道得少，这样下去必然会变成井底之蛙，落伍掉队。我们拥有值得骄傲的文化和聪慧的头脑，对于世界和日本的未来不乏认真的辩论，但只在日本国内用日语辩论而不向海外做宣传则毫无意义。我们对世界舆论的影响实在是太小了。而且，日本人太过老实，应该改变一味迎合周围人的习惯，要学会拿出自己的观点并掌握辩论的支配权。

我以为日本缺乏国际性的根本原因在于英语水平的低下。亚洲的年轻人，最近又加上中国的年轻人，在大批涌向欧美国家留学，有钱人会把子弟送到英国的寄宿学校学习，然后再升入美国一流大学获取学位。日本因为在国内就有一流大学，只要从这里毕业就业就不成问题，因此，短期留学和大学毕业后到国外的研究生院获取硕士、博士学位便成为留学的主要形式。由于研究生院的课程以阅读和写文章为主，所以英语总是过不了关。

我觉得，“就算小学每周教授2~3个小时的英语，也根本不管用”、“日本人之所以英语差是因为日常生活根本用不到英语，只需懂母语就能应付一切，这也正是日本没有沦为殖民地的有力证据，托福考试成绩日本在亚洲排名末尾正应该感谢先人的努力，是值得骄傲的事情”之类粗暴的言论（《国家的品格》）纯粹属于谬论。

作为从事贸易的人和企业经营者，我在国外工作的23年，欧美国家当然不用说，就是亚洲，除了中国，也都讲英语。返回日本总部担任负责亚洲地区事务的董事时，我每月都往亚洲地区跑两趟，无论与当地政府还是民间企业高层人物交谈，都用英语，即便是在奉行锁国政策的缅甸，见到的军事政权最高领导人丹瑞和其他几位政府高官，英语说得也都相当流利。缅甸从10年前就重新开始在小学实施英语教育。

日本是一个靠开展对外贸易和投资生存的国家。在商业贸易领域里，每天都在演绎着忘我捍卫本公司或日本的利益的博弈，基本都是靠英语沟通。英语水平不过关，就不能充分表达自己的意见，就会输给对手。

现今世界已经进入双语时代，中国也已经从小学就开始教授英语，中流阶层以上的父母更是不满足于学校教授的课程，另外让孩子去上英语私塾。在韩国，父亲只身留在韩国，母亲带孩子移居新加坡以让他们同时掌握英语和中文的家庭在增加。在日本，普通百姓也很知情，英语私塾炙手可热。就拿其中一家名为ECC少年班（接受从3岁到中学为止的学员）的英语私塾为例，据说在全国各地拥有近11000个教室，共有28万名孩子在这里学习。学外语时，一般阅读和写作晚点开始学习也无大碍，但听力和会话能力却不然，最理想的是从小学就开始学习。日本人也应该以能自由驾驭双语——英语、日语为目标，在此基础上，如果还懂中文，就更无懈可击了。

现在有一个令人忧虑的问题是，包括地方政府在内，公共部门和农业的生产效率甚为低下，正在拉国民经济的后腿。就拿港口、道路、机场、国内运输这些交通方面的基础设施来说，也严重落伍。小泉内阁时期开始着手进行的改革有必要继续推进。明治政府曾经果断推行“废藩置县”的改革。结合各种因素考虑，我以为，除了导入道州制度，别无良方。提高公共部门的生产效率显然是对日本政治进行一番彻底改造的切入口。

日本应走的道路

历史上也有几个资源贫乏且国土面积狭小的国家成为强国的例子。比如17世纪的荷兰，人口只有区区200万人（法国2000万，英国600万），然而他们研制了货运舱容量巨大的高效率运输帆船，遂成长为世界贸易金融中心。他们进口半成品的纤维制品，然后以高超的染色技巧加工制成成品，同时生产陶瓷器皿和武器之类的物品供出口，靠通商贸易繁荣昌盛起来。它后来的衰落则是以英国实施保护主义政策为契机的。

日本也属于资源贫乏经济上依赖于通商贸易的国家。目前在科学技术水平、产品开发、加工能力及其机制、生产效率等方面，具有优势，而且在机动车、数码相机、精密仪器、车床等技术含量高的产品以及优质零部件生产等领域处于世界领先地位。日本今后也只有以制造业作为立国之本，争取维持技术领先优势这条出路。

日本之所以以成为优秀的工业发达国家，是因为日本人有美的意识、敏感细致的性格、在手工上精益求精的传统和不受宗教束缚可以自由思考等特点，并非仅仅靠硬件，也有软件，如从动漫到手机等的软件技术，又比如虽然价格昂贵、但安全而美味的食品也在出口，因此就是农业和林业，也不乏发展空间。

有一个令人忧虑的问题。日本虽然技术力量雄厚，但在将技术转化为产业方面却落后一步，往往败给欧美和韩国企业。现在是否到了应该纠正拘泥于独家开发的想法，通过全球性的合作降低成本以提高对全球化市场支配能力的时候了？

另外，日本是海洋国家，长期以来一直不断从外部汲取文化营养，在消化吸收之后升华为日本独自的东西，同时又因为是岛国，才得以发挥出独特的个性，并绵延不断地传承下来。因而在江户这个内部循环经济社会里，经济总量虽未扩大，生活质量和文化水平却有了提高。到了明治时期，日本在亚洲率先输入西方文化并实现了现代化，在不改东洋本色的同时，获取了西方依靠科学技术实现发展的模式。

日本虽然在东洋文化中只占半极地位，然而切切实实缔造出了独自的文明。尽管是偏安东洋一隅的岛国，但应该担负起东西方文化交流桥梁的角色，积极参与实现东洋文明复兴的宏伟计划。

一般认为，通商产业兴盛的国家，虽然不会发动战争，但也不会为了和平而付出崇高的努力，并且会逐步失去坚强的精神，何况安全防卫尚倚仗外国力量，就更是如此了。日美同盟今后何去何从是一个至关重要的问题。军事专家们通常认为，日本是美国部署从亚洲到好望角的战略当中的重要军事基地，美国需要日本的程度将超过日本需要美国的程度。但美国也会发生变化。切勿忘记的是，自己的国家靠自己来保卫是一个基本原则。

日本是世界上唯一被投放过原子弹的国家，本来应该大力疾呼废除核武器。原子弹投落到广岛那年，我正上小学五年级，距爆炸地点只有10公里，亲身体验了强烈的闪光和冲击波。记得当时浩渺无际的天空当中突然出现一个巨大的蘑菇云，根部一片通红，广岛陷入一片火海。我母亲当天就进入广岛市区去寻找那天待在市中心的姐姐和姨妈，满眼都是外观惨不忍睹、从广岛向四周逃离的神情恍惚的人们。我母亲在二战结束后不久便因核辐射病而卧床不起。

全世界都知道日本具备在短时间内开发出核武器的能力。现在开始出现尽管不主张用核武器来装备自己，但把它作为议题拿出来讨论本身就能起到威慑作用的言论。我却认为，大张旗鼓地呼吁废除核武器才会增强日本的国际政治地位。

日本人有两点受到世界各国人民的敬重，一个相当于英语的“Integrity”（追求做正直、道德观念强、高尚纯洁的人的精神），一个是社会秩序良好。国家和个人都应该力争提高本国文化的品位，让日本这个品牌更加具有国际竞争力。另外一点是国际性，日本的大学在国际上知名度不高，今后不能只满足于日本国内第一，只有在建立起能培养出任何国家都欢迎的人才的教育基地之后，日本才算真正跨入一流国家的行列。

日本还面临人口减少和老龄化的严重问题，年轻人缺乏生气也令人担心。法国成功制止了人口减少的进一步加剧，日本也应该采取措施提高生育率，并且为保持社会活力，还应该接受移民，以维持人口水平和实现年龄结构的年轻化。

关于移民，我还想提一个具体的设想：每年接受10万名留学生，让他们在大学或专业学校学习3年以上，对获取毕业证书的人授予市民权；每个人1年给100万日元补贴，全部加起来，1年也就是1000亿日元，即便从第3年起增至3000亿日元，也不是什么负担不起的金额，人数甚至还可以更多。这样做，最直接的益处是能保证与大学相关职业的就业人数，从长远考虑，还可以赢得优秀人才。

另外，还曾在某本书上读到过一个旨在恢复年轻一代朝气的设想，这就是选举时授予年轻人1.5票的投票权，促使年轻人积极投身到日本社会的发展当中，并就此培养出他们的责任感。

日中关系

我在第2章和第3章里曾谈到上个世纪70年代和80年代的日中邦交历史。日中邦交恢复正常是在1972年，在中国和苏联关系紧张的背景之下，日中友好时代开始了。70年代和80年代是日中关系的蜜月时代，日本政府积极向中国提供日元政府贷款援助，民间企业和人士也热切盼望能为中国经济发展做贡献，对于一些利益菲薄的交易也积极进行商谈，并提供技术合作，从官方到民间，拧成一股绳，齐心协力向中国传授日本发展经济的经验和秘诀。

进入1990年代，柏林墙被推翻，国际局势的紧张得到缓解，经济也进入全球化时代。中国经济开始起飞，以日本为榜样的时代宣告结束。

胡锦涛政权很早就开始提倡中日新时代的开始，以2006年安倍首相访问中国为标志，日中两国进入了战略互惠关系时代。这个互惠并非建立在谋求双方一致的观点基础上，而是立足于双方对利益的追求。2008年，在日本举行了历史上首届中日韩三国首脑会议，尽管会议成果并不显赫，但在一些务实的问题上缔结了几个条约。

最近，由于中美双巨头引领世界的G2论调开始风行，中日关系略有相形见绌之感。但我估计，中国对日本的重视程度今后仍将是继美国之后居第二位。不过显而易见的是，越来越多的中国人认为，日本处在美国军事力量庇护之下，从安全防卫力量（食品、能源的对外依赖程度和军事力量等）角度讲，日本的国力至多只能算是二流国家，经济上也依赖于中国的发展。

最近，中国媒体对日本的善意报道十分引人注目，2008 年 12 月 23 日的《中国青年报》设专栏以《没有日本，中国的改革开放将会是另一种模样》为主题这样介绍：日本是中国最大的援助国，累计提供了 2.6 亿日元的政府贷款援助，这占了中国获取援助的 67%。到 2002 年为止，日本向中国累计派遣了 1 万 2000 名专家，在农村建设等领域里起到重大作用（《产业新闻》）。

另外，12 月 5 日的共产党中央宣传部的机关报《半月谈》也以《1978 年邓小平从日本学到了什么》为题，回顾了这一年邓小平访问日本的整个过程。介绍说，当时邓小平乘坐了新干线，并参观了松下电器和新日铁，对日本的先进发达感触极深。评论说这次出游经历无疑为后来的中国现代化建设蓝图的构想提供了借鉴。

但与此同时，外务省就日本外交进行的民意测试结果（2007 年 11 月）表明：日本人对中国抱有亲近感的在骤然减少。在自 1978 年开始实施民意测试以来，最初对中国表示“有亲近感”的日本人占到 60% ~70%，而至 1988 年就降到 50% 左右，从 2003 年起又减少到百分之三十几，对中国没有亲近感的日本人已经增加到 65% ~70% 之间。

这种情形在历史上并不稀奇。每当中国国力增强的时候，就会冒出中国威胁论，而郑必坚先生（原中央党校副校长）提出的和平崛起理论现在依然是中国政府的方针。中国不仅对日本，而且对其他任何国家都是直言不讳的，有时会采用咄咄逼人的架势。对此，日本不能感情用事，应该冷静、有理有节、明确地表明自己的态度，该坚持的就要坚持。因为国际社会通行的概念是，假如你不吭声就表明你愿意接受。

日中两国人民在思想意识上有很大差别，因而出现隔膜是难免的。正如前面所提到过的，日本人惯于脚踏实地地去追求完美，有着不能容忍马马虎虎的洁癖。而中国人则为维护实际利益而时刻保持冷静的头脑，日本人若沉不住气而感情用事，恐怕是有百害而无一利。

日中两国之间的交流历史源远流长。日本最初的国家体制和文化就是通过向中国和朝鲜半岛学习建立起来的，追根溯源，源头在中国，直到近代日本引进西方文明率先实现了近代化。李鸿章在为签订马关条约到日本时曾经说：“日本是头乳牛，吸收和消化了西方文明，谋求实现近代化。中国只要吮吸这种乳汁就行了。”

现代汉语里采用了不少明治维新以后在日本诞生的词汇，比如“革命”或“人民”，都是明治时期的先驱者在将西欧的概念翻译成日语时参考中国古典著作发明的。新造词汇在二战后随着新概念的不断涌现一直十分盛行，最近片假名词汇更是在不断增多。现代汉语里词汇的一半，社会科学领域词汇的70%都是日本造的中文词汇。只要是好的东西，中国都毫不犹豫地采纳吸收。

以日中合作迎接亚洲的时代

中日两国应该以共同生存、共同繁荣为目标，建立更为开放的密切关系，为世界做出贡献。为实现这个目标能做的事情有很多。

最近也有几个正面事例可引以为证。2009年8月4日NHK电视台曾在《今天的世界》栏目时间段里组织了一个专辑节目叫做《夺取国际标准!》，其中列举的一个事例就是中日携手为能大幅度减少电力输送途中损耗的超高压电力输送技术成功争取到国际标准化。以前无论日本的技术如何先进，在争取国际标准问题上经常在欧洲企业的攻势面前败下阵来，而这次，日本采用了以向中国提供自己开发的技术为代价换取中国支持的战略，终于在国际标准化问题上赢得了胜利。

最近一段时期里发生的国际金融危机，其最大原因就在于经济运营上过于轻信市场机制，以及企业经营上只顾追求短期效益大行其道。以这次金融危机为契机，世界经济中心正在移向亚洲，会计制度和企业经营管理方法估计在不久的将来也会进入不能满足于只追随欧美的时代。经营管理跟文化是不可分割的。我觉得，日本的经营管理学学者不应该尽是照搬宣扬美国的理论，而应该对日本式经营和华侨的经营方式进行一下系统的研究。

美国一些学者已经有人在尝试将华人经营理论单列为一个研究领域，但是看一下他们的著作就会发现，尽管表面现象分析得细致入微，严谨缜密，但对现象背后的大背景却不知就里。

东洋人通常不擅长将事物分解开来去研究，东洋文化本身就没有二元化和矛盾统一这样的认识论。我觉得，这也是亚洲思维模式的长处，通过将亚洲经营理念加以体系化和开辟为研究领域，亚洲模式的奥秘就可能被揭示出来。这样，对于市场机制的监督管理也就有可能开辟出新的思路。

良好的经营基础、良好的社会基础是建立在伦理道德观念之上的。由于受到环境和资源的制约，文明的形态在未来社会将不得不发生变化，发展方向应该不会遵循西方长期以来征服大自然的做法，而有可能回归自古以来一直努力实践与大自然协调共存的东洋式思维模式。日本应该肩负树立东洋经营管理模式的使命。

21 世纪世界文明的重心将大举向亚洲转移，而亚洲文明并非单极，中国、印度、日本三个国家应该占据着核心地位。日本把古代从中国输入的书籍、乐器等都作为文物精心加以保存，就拿乐器来说，中国经过不断改进，乐器总是在发生日新月异的变化，而原始的乐器则在日本保存完好。包括佛教在内，日本有着东洋文明的积淀，东洋思想在日本得到传承。

东洋和西洋的思维方式不同在中医和西医上有着最充分的体现。西洋医学的诊断方法是听取病人讲述症状，然后进行血液、尿液等的化验，或者用CT（X线断层摄像装置）、MRI（核磁共振成像装置）等医疗装置进行一番检查，然后据此判断是癌症，还是十二指肠溃疡之类的其他病症，用科学的方法断定病症的名称，然后才开始对症下药的治疗。人体是由各式各样的零部件组成的，因而西医就需要分门别类地进行治疗，在治疗过程中对每个人在体质上的差异却视而不见，一个症状使用一种药剂，结果所有症状加在一起药剂种类便容易造成过多。西药的特点是药效十分显著，并且立竿见影。

相对于西医，中医则采用“四诊”的诊断方法，通过望诊（观察病人的皮肤和舌头等）、闻诊（听病人的声音和咳嗽等）问诊和切诊（触诊）来判断病人的体质和症状。中医认为，人体内的各种零部件在彼此相互起作用，生病是由于各项功能失去平衡，在多数情况下，病症不能只针对个别症状下定论，或者说不去判断哪个病症是最主要的。“万病皆由气起”，医生在诊断时还会把精神状态、生活习惯等因素考虑进去综合进行判断，下药亦然，并且还会适当提出饮食、运动、姿态方面的建议。中药里，像感冒药、肠胃药、滋补体力的药物相对来说有立竿见影的药效，但多数药物作用迟缓，药性柔和而副作用小。

西洋医学经常是头痛医头、脚痛医脚，用手术和效力剧烈的药物来抑制病症加重，而中医则不同，将医治重点放在增强病人自我治愈的免疫力上面，因而西洋医学束手无策的病症有时中医能治好。我现在一直定期到六本木著名的针灸诊疗所川井诊疗所接受治疗，是颈椎骨有毛病，西医大夫的诊断结果是病情已经严重到无法接受手术的地步，而且连做颈部活动都要禁止。不久病情便发展到从左肩到左手都麻痹，且疼痛难忍，于是，我抱着一线希望跨进朋友介绍的川井诊疗所的门槛。

我每次都接受约1个小时的针灸治疗，没过半年，颈部的不适感就消失了，现在主要在接受以维护健康为目的的腰部和颈椎骨治疗。有一个跟我同一天找上门，在隔壁床位上呻吟的病人，他就是荣获诺贝尔奖的小柴昌俊先生。他刚刚接受了旨在解除腰痛的手术，然而疼痛却一直未消失。小柴先生来这里治疗几个月之后，已经可以丢掉拐杖自由走动了。据说还有著名的整形外科大夫来川井先生的诊所接受治疗。

铃木大拙一直在研究禅，希望全世界都能对东洋思想的深远意义有所了解，为此写出了《东洋的见解》（岩波文库）一书。其中写道：

"Divide and Rule（分解和规范）代表了西洋思想的特征，它首先把所有的事物分解为主与客、自我与他人、自我与世界、心与物质等，这被看做是睿智，认识的主体和客体——知识便是从这二元当中诞生并逐步演绎和扩展起来的。

因此，西洋文明在科学和哲学上成就辉煌，技术和以法律统率的组织形式也相当发达，东洋在这些方面必须向西方学习。

然而，建立在二元性基础上的西洋思想既有优点也有缺点。它在从每个具体事物里总结出普遍性并加以概念化、抽象化时十分有利，然而这种一分为二的方法同时也意味着对比的世界、对立的世界、纷争不断的世界的形成。

东洋思维模式则是在分立之前，以混沌状态的整体世界为出发点。

按照西方思维方式观察、思考和行动，最终将走进死胡同。人类赖以生存的世界，除了被人体五官感知所约束或者被识别能力所限制的世界之外，还存在着另一个世界。"

东洋是暧昧的、模糊的，非合理的部分相当多。铃木大拙极力主张，人类其实总是在合理与非合理之间徘徊，不由自主地相时而动，人类生活并非二元化思维能完美划分清楚的。他并且指出，未来世界文化的完善仅靠二元化思维是无法实现的，必须捍卫东洋的思维模式和认知方法，利用它来弥补二元性文化的缺陷。

我从报纸（北京日本人会会报）上读到2008年北京奥林匹克运动会中国花样游泳队领队教练井村雅代女士的事迹，其中印象最深的一个是，队员们即使在四川汶川大地震期间训练也从未中断，另一个是井村女士对胡锦涛国家主席亲临训练现场视察时坦率地向她致谢万分感动。

并且，文中对日本人和中国人是这样描写的：日本人吃苦耐劳，坚忍不拔，精力高度集中；中国人则向前看，上进心非常强，以不断改善自己的境遇；彼此都有优点，值得互相学习。两国人民应该如实了解“真实的中国”和“真实的日本”。我相信，日中两国通过加深真正意义上的交流，携手合作，一定能够向亚洲乃至世界发出强有力的声音。

后　　记

商务，尤其是国际商务，犹如一场不流血的战争。正如我在本书中所记述的，我投身于国际商务长达 50 年以上，其中有三分之一的年头都是在华人文化圈里（台北、北京、香港）、以派驻当地的三井物产职员身份渡过的，后来又以华人经营公司的董事身份参与中国的商务。自派驻台北算起，我与华人社会打交道的年数已有 40 载，在这 40 年之间，时代发生了令人炫目的变化。

最近隐约感觉到日本出版的书籍刊物所持的中国论与中国观和自己的亲身感受相去甚远，简单地概括起来就是有中国威胁论和中国衰落（灭亡）论、过高评价和过低评价的两个极端。于是，我便想写一下跟上面两种极端都不搭界的、自己在中国的真实体验，以帮助大家正确理解中国这个国家。这便是我写这本书的初衷。

尽管中国和日本同属汉字文化圈、儒家文化圈，但日本和中国其实“同文异种”，即使都被冠以亚洲国家这个名称，两国在经商手法和企业经营管理理念上差异悬殊。

而且，中国人之间也会由于籍贯或生长年代等要素的不同而彼此相异，既有品质高尚的中国人，也有品质败坏的中国人。这和日本人里有好人、也有坏人之分没有什么两样。

在本书发行过程中得到诸多同仁的支持，其中几位在本书中也做了介绍。我派驻北京时期在日本总部业务部担任中国室长的横堀溪先生、任北京事务所业务经理的白鸟隆夫先生，承蒙他们二位不吝赐教，对本书全篇提供了宝贵意见。二位先生直到大学毕业都生长在中国，对中日两国从文化到商业贸易的方方面面都了如指掌。从三井物产退休后，横堀先生直到最近都一直在大学任教，白鸟先生则正担任着三井物产和其他公司的顾问。

另外，黄真一先生、高嶋正文先生、大高浩先生、柳安峻先生、许小薇女士、张磊女士和现仍在三井物产总部任职的多田三德先生也为本书提供了很多参考意见。

台北、北京、香港的派驻经验丰富了我的人生，在这里，我对众多有幸相识和交往的尊敬的女士先生们表示感谢。人在海外，多了与其他同行和日本大企业人士亲密交往的机缘，与他们的交流既愉快又令我备受裨益。还有，曾跟我一道工作过的众多当地雇员同事们，对他们也表示衷心的感谢。所有人都无愧于战士的称号，都是我的战友。说实在的，我真想把所有同事们的尊姓大名都附在这里，以示感谢。

自1986年在中国认识以来，前东芝总经理渡里杉一郎先生无论在工作上还是其他方面都给予过我很大帮助，现在也每年会晤数次，聆听先生指教。这次承蒙先生为我写书评，在这里，谨表衷心的感谢。

最后，还要提到曾在《文艺春秋》工作过的白川浩司先生，我和他是2006年夏天参团到山西旅游时偶然认识的。之后我这个只写过一些公司内部工作报告，从不问津涂抹文字的人竟然能写出这样一部书来，都要归功于白川先生的指点。

另外，PHP研究所的白地利成先生在本书出版之际，也不辞辛苦给予大力支持，在此再次表示衷心感谢。

2009年9月

出版者的话

远藤滋先生长期在中国大陆、香港、台湾等地从事贸易工作，具有丰富的商业经验和管理技巧。他从上世纪六十年代末开始，一直从事中日经济文化交流，是中日友好工作的积极推动和促进者。本书日文版原名《中国ビジネス成功への道：商社マンが明かす“中華世界”の真实》，2009 年由日本 PHP 研究所出版。本次中文版出版时，对于其中部分章节内容，经原作者和译者同意，进行了修改。